朕就是任性

愛[illegible]要忤逆！

科舉防壟斷、加耗致盤剝、概量多舞弊，
從中央到地方，看古人「擅」用皇權典制

孟飛，聞明，張林 主編

權傾邊陲、勒折之弊、高量斛面、里胥侵竊……

明明當初設想很偉大，
制度走向為何不一樣？

從中央到地方，再從初建到改革，一本書搞懂歷代典制

目錄

行政區劃制度

目錄

行政區劃制度

邑

先秦民眾聚居地，包括城市或村鎮及其附屬田地。商代甲骨文即有「作邑」的記載，並稱都城為「大邑商」，還卜問其年成收歉；《尚書．盤庚》亦稱所遷都城為「新邑」。說明邑可指最大的城市首都並包括其附近農田。同時，甲骨文又有「土方征於我東鄙，二邑」，以及「廿邑」、「卅邑」等語，則應是指邊區的小居民點。這種情況在西周同樣存在，文王「作邑於豐」。周公「作新大邑於東國洛」，均指興建都城；而康王封宜侯賜「邑卅又五」，厲王賜鬲從田「十又三邑」，則是指地方上的小居民點。沿襲到春秋時，便有「十室之邑」、「百室之邑」、「千室之邑」等說法，表明聚居地規模大小可以相差懸殊。所以，有的諸侯賞賜大臣一次能多到「二百又九十又九邑」。有的國，卿可以享有百邑，大夫享有九十邑；而另一些國，諸侯賞賜卿六邑；晉國的邑甚至擁有百乘兵力，其規模相當一位大臣的全部采地。進入戰國，「千丈之城、萬家之邑相望」，隨著經濟的發展和人口的增殖，城邑也迅速擴大增多。較大的都邑常有版築城垣環繞，傳說王都方九里，諸侯國都方五里或三里不等，國內其他城邑則相應縮減規模。所謂「邑無百雉之城」，是說國都之外的城市最大的也不過城週三百丈而已，這當是春秋以前的情況。漢以後，皇后、公主所食之縣曰邑，各級封爵的封國亦往往稱之為「封邑」或「國邑」。

畿服

周代人將王都以外的地區，按其與王朝的關係以及離王都的遠近劃分為幾個大區域的一種制度。

周代稱王朝職官為內服，諸侯等為外服。服即服事於王之意。王朝直轄地區稱邦畿，也稱甸服。外服之地又可按照各邦國、部落同王朝關係的親疏以及所負擔職貢的輕重，分為不同的服。但是古書中所記的畿服之制多數是經過理想化的，它們常將王都以外的地區規整地劃分成圍繞王都的等距離地帶，如按照《尚書．禹貢》假托於夏代的五服說，則中央方千里為甸服，其他四服各面都是五百里，一服圍繞一服。這顯然不能符合實際情況。

各種古書所記的畿服制度，彼此有不少出入，其不同之處大致可分為三個方面：服數有五服、三服、六服、九服等說。

▼**五服說**：西周中期人祭公謀父提到名為甸、侯、賓、要、荒的五服制。「甸」即「田」，意為替王室耕田者。「侯」初當指斥候，即以武力保衛王室者。「賓」義為賓從，指歸服王室者，或指王以賓禮待之者。「要」義為約束，指少數族接受約束者。「荒」義為荒遠，指少數族居遠荒者。較晚的有《禹貢》所說甸、侯、綏、要、荒的五服制，除改賓服為綏服外，其他四服之名與前者相同。「綏」義為安，指安服王室政教。

▼**三服說**：《逸周書·王會》所記，為比、要、荒三服。「比」義為親附。《史記·秦始皇本紀》記諸臣議帝號之辭曰「昔者五帝地方千里，其外侯服、夷服諸侯或朝或否」，似亦為三服說，但各服之劃分方法與《王會》有異。

▼**六服說**：《周禮·秋官·大行人》所記，九州內為邦畿及侯、甸、男、采、衛、要六服，九州之外為蕃（藩）國，實為一畿七服。「男」義為任（「男」、「任」古通），指任王事。「采」義為事，指為王服事。「衛」義為保衛，指為王捍衛。

▼**九服或九畿說**：《逸周書·職方》所記，中為王圻，外為侯、甸、男、采、衛、蠻、夷、鎮、藩九服。《周禮·職方氏》中畿服的名稱與《逸周書·職方》同，但王圻作王畿。此說實為一畿九服。《周禮·夏官·大司馬》所記，中為國畿，外為

侯、甸、男、采、衛、蠻、夷、鎮、蕃（藩）九畿，實為十畿。此說九畿之名與九服同，只是將「服」變稱為「畿」。九服、九畿等說把作為族名的蠻、夷，與王朝同少數族地區的鎮、藩等政治關係並提，顯然是為了湊足九服、九畿之數。

里數各種畿服說中，有每服無里數與有里數之別。祭公謀父未說到各服里數。《史記·秦始皇本紀》所記諸臣之議，也未提及侯服、夷服的里數。其他各種畿服說皆謂每服各面五百里，有謂每服千里者，是兼數兩面。中央邦畿千里，也是王都外兩面各五百里。只有〈大行人〉所說九州外之蕃國無里數。由於各說所說服數不同，總里數也不相同。在無里數與有里數兩種畿服說中，前者較為符合歷史事實。

各服所負擔職貢的規定祭公謀父說，甸服供給王每日的祭物，侯服供給每月祭祖之物，賓服供給四時祭祖之物，要服每歲上貢一次，荒服一代人朝見一次。〈禹貢〉在講五服時僅記甸服納穀物賦稅。〈大行人〉謂侯、甸、男、采、衛、要六服和蕃國，分別於一、二、三、四、五、六年和一世中，朝見一次王，六服分別貢祀物、嬪物（嬪婦之物，指絲集之類）、器物、服物、材物、貨物，蕃國以所寶貴之物為禮。其他各說對各服職貢無具體說明。

九州制

中國古代的行政區劃起源於何時?歷代諸說紛紜。在東漢史學家班固所寫的記載西漢歷史的名著《漢書》中,有一篇專門講述西漢政區情況的〈地理志〉,其中提到遠在黃帝時代,就曾「畫野分州,得百里之國萬區」。其實這種說法完全靠不住。事實上我們很清楚,傳說中的黃帝時代,大約處於血緣關係的氏族社會中,是根本不會出現反映地緣關係的行政區劃的。之所以會出現這種說法,只不過是因為黃帝向來被視為華夏文明的鼻祖,所以一切典章制度也都很自然地被認為是由他首創的。如果說黃帝的「畫野分州」之舉並不可靠,或許一般人對此不會有什麼異議,但對於下面的一種說法,古時候大多數人卻是深信不疑的,即認為行政區劃應開始於治理洪水三過家門而不入的大禹。持這種觀點的依據是,在另一部儒家經典《尚書》中,有〈禹貢〉一篇,十分詳盡地描寫了大禹九州的地理範圍劃分。由於九州之說,不僅記載在儒家經典裡面,而且又有後世許多學者的認定,因此長期以來沒有人對這種說法提出質疑。同時,因為九州是就全國範圍內所劃分的,所以九州出現後,便一直被當成全國的代名詞,我們大家所熟知的南宋愛國詩人陸游〈示兒〉詩中的名句「死去原知萬事空,但悲不見九州同」中的

「九州」，便是採用這個意思。那麼這種說法可信程度到底如何呢？在我們判斷這一說法是否可信之前，還是先來看一看〈禹貢〉九州究竟是怎麼說的。

從名稱上看，〈禹貢〉中所提到的九州有：冀州、兗州、青州、徐州、揚州、荊州、豫州、梁州、雍州。所包括的範圍，北到燕山山脈與渤海灣，南到秦嶺一帶，東到大海，西到隴東高原。具體的九州劃分情況是這樣的：

▼ **冀州西、南、東三面都以黃河為界**：相當於今天的山西與陝西間黃河以東、河南和山西間黃河以北及山東西部、河北東南部地區。山有壺口（在今山西吉縣西北、陝西宜川東北）、梁山（在今陝西韓城）、岐山（在今陝西岐山東北，古名天柱山）；川有衡漳（今漳水）、恆（今唐河）、衛（今靈壽以下滹沱水）。這一州被認為是帝都的所在。

▼ **兗州**「**濟、河唯兗州**」：在古濟水與古黃河之間，相當於今天的河北、河南、山東三省交界的部分。川有九河（黃河下游分支，九表示多數，並不是實指）、水（黃河支流）、沮水（濟水支流）。

▼ **青州**「**海岱唯青州**」：在渤海與泰山之間，相當於今天的遼東、山東兩個半島。川有濰水、淄水、汶水（今大汶水）。

▼ **徐州「海、岱及淮唯徐州」**：在黃海、泰山、淮河之間，相當於今天的山東南部，江蘇、安徽北部。山有蒙山（在今山東蒙陰南）、羽山（在今山東郯城縣東北）；川有淮水、沂水。

▼ **揚州「淮、揚唯揚州」**：淮河以南東至海，相當於今天的江蘇、安徽南部，江西東部。水有彭蠡（今鄱陽湖）、禹王治水震澤（今太湖）。

▼ **荊州「荊及衡陽唯荊州」**：從荊山到衡山以南，相當於今天的湖南、湖北與江西西部。山有荊山（在今湖北南漳）、衡陽（在今湖南衡山西）；水有江漢（今嘉陵江）、沱水（江水支流）、灊水（漢水支流）。

▼ **豫州「荊、河唯豫州」**：荊山與黃河之間，相當於今天的河南、湖北北部。川有伊、洛、瀍四水。

▼ **梁州「華陽、黑水唯梁州」**：華山以南、怒江以東，相當於今天陝西南部與四川地區。山有岷山（在今四川松潘）、嶓出（今陝西寧強北塚山）、西傾山（在今青海同德東北）、蔡山（無考）、蒙山（在今四川崇慶縣西）；川有沱水、灊水。

▼ **雍州「黑水、西河唯雍州」**：秦嶺以北，東到黃河，西至張掖河，相當於今天的陝西中部與北部、甘肅及其以西的地區。山有荊山（今陝西朝邑西北北條荊山）、岐

山、終南山（今秦嶺）、鳥鼠山（在今甘肅渭源西南、隴西縣西）、三危山（在今甘肅敦煌東南）；川有弱水（今甘肅張掖河）、渭水、涇水、漆水、沮水及灃水。

透過上面的劃分，我們可以看出，九州所涉及的這些地區，在大禹時代是不可能認知的。因此，近代以來，經過學者們的研究，論定〈禹貢〉實際上是戰國時期的人假託大禹所作，書中所記載的地理狀況，都是戰國時期的現象，所謂「九州」之說，不過是戰國時流行的一種烏托邦式的空想，反映了當時的學者對未來統一國家的一種設想，其實，大禹九州根本就沒有實現過。因此，九州並不像一般古人所認為的那樣是中國最早的行政區劃。

除《尚書．禹貢》九州外，在《周禮．職方》、《爾雅．釋地》及《呂氏春秋．有始覽》等古代典籍中也都有各自的九州系統。不過，這些九州與〈禹貢〉九州一樣，也僅是理想的區劃，都從未付諸實現。

五服制

在〈禹貢〉中，除了九州制之外，還記載了另一種區劃，即「五服」制。〈禹貢〉是這樣描述這種五服制的：以國王所居住的京城為中心，以四方五百里為一等，共分為五等。由京城向外，順序依次為：

甸服：王都五百里之內的區域，這一區域是以農業為主的直接統治區；侯服：甸服以外四方五百里之地，這一區域是諸侯統治區；綏服：侯服以外四方五百里之地，這一區域介於中原與少數民族之間，是需要加以綏撫的地區；要服：綏服以外四方五百里之地，這一區域屬於邊遠地區；荒服：要服以外四方五百里之地，這一區域為蠻荒之地。

上面已經提及，九州制是以名山大川為界線來劃分區域的，雖是虛構，但多少還有一些可使人相信的理由。而五服制這樣在兩千五百里正方形的土地範圍內的規整劃分，則實在難以讓人們接受它。因此早在古代，就有人對此種劃分存在的真實性提出過懷疑。現在經過學者們的研究，同樣證明五服制與九州制一樣，也是一種空想，只不過九州制的空想是針對未來而出現的，而五服制的空想則是基於過去而設計出來的。因為在西周及其之前，確實出現過類似的分等統治，只是從未有過將每一等級定為五百里的做法。

內服與外服

不僅大禹時代不可能出現行政區劃，經現代學者研究證明，就是有文字可考的商代與其後的西周時期，雖然其時國家已經出現，但是行政區劃也未立即產生。

我們先來看看商代的情況。商是一個有著悠久歷史的子姓部落，長期居住在黃河下游。其始祖叫契，相傳曾輔佐大禹治水。從契傳十三世而到了成湯。西元前十六世紀，湯滅夏，建立了商朝。

從現存史書中所出現的有關「內服」與「外服」的記載，可以看出在當時商朝已有一種很初級的中央與地方區域的劃分。另外，關於商代中央地區與周邊區域的劃分，在甲骨文中也有明確的反映。卜辭中就出現了「商」與「四方」、「四土」的對應說法。其中的「商」就是指商代的中心地區，也就是由商王直接管理的王畿所在；而「四方」、「四土」應是遠在中心地區以外的區域，是各類地方政權所治理的地區。當時商代的中心地區可能包括今河南北部、河北南部及山東西部的地區。

在商代王畿之外的所謂「四方」或「四土」之地，存在著許多的部族方國，其中有些方國為商王所控制，是商王的忠實屬國。而另有一些方國則時服時叛，還有一些方國

一直在商王的勢力所及之外，與商王長期敵對。商王所控之地，其時究竟多大，目前由於資料缺乏，還沒有辦法作出確切的判斷。現在從出土的卜辭中分析，所謂的「四土」之地，可能已包括東到大海，西至陝西西部，南跨長江而達湖南、江西，北到山西中部，東北到遼寧，西南到四川的廣大地區。

由以上的敘述中可以看出，在商王與地方政權的區域劃分中大體存在著兩條脈絡：一是「內服」與「外服」之分。在此脈絡中，更多的是從政治層面上著眼，即以對商王的親疏來確定劃分的標準；二是「商」（王畿）與「四方」、「四土」的分別。這一脈絡則相對側重於區域層面，即以商王是否直接統轄的地區為區分的尺度。「內服」與「商」（王畿）、「外服」與「四方」、「四土」之間應有相互對應與重合之處，但恐怕不能完全統一。

透過現代學者們的研究，我們可以知道，商代時期，中央與地方政權所存在的關係雖然已不是一般的國與國的關係，而是一個國家內的中央與地方的關係，中央還對地方政權實行一定的控制。但是需要指出的是，商代這種中央與地方的不平等與控制，還不是後世的中央對地方的支配，更與中央集權不同，因此，在當時還沒有出現任何形式的行政區劃。

我們再來觀察一下西周的具體情況。周也是一個古老的姬姓部落，在商朝建立之前，主要活動在今天陝西、甘肅一帶，其始祖叫棄，傳說做過夏朝的農官，是種植稷和麥的創始人。到了西元前十一世紀，周武王率軍大敗殷商的軍隊，商紂王被迫自殺而亡，中國歷史上一個新的朝代——周代自此建立了，史稱西周。

周代是在殷商基礎之上建立的，因此，有些制度與商有一定的承繼並有所發展。周代也與商代一樣，有著中央與地方區域的劃分。周王（即周天子）享有國家的最高權力，其所統治的範圍稱為「天下」，不僅包括周代的中央地區，而且還包括遠離中央地區以外的廣大地區，也就是說，周天子是將其時已知的整個世界作為他的統轄範圍的。

周王直接控制的中央地區（即王畿所在）其時被稱為「周邦」、「周」、「有周」或「王國」。關於周朝王畿的範圍，傳統上一般以為應有幾個區域，一是以豐、鎬二京為主的「宗周」地區（即今陝西西安一帶的地區），這一地區還包括周人發祥及滅商以前的都城所在的周原地區。一是以東都洛邑為主的成周地區（即以今河南洛陽地區為中心的區域）。甚至有人以為豐、鎬與洛邑是連成一片的。

在「周邦」之外的區域，被稱為「萬邦」，也叫做「多邦」、「庶邦」。所謂的「萬邦」（或「多邦」、「庶邦」）當指各類地方政權。萬邦是一個十分廣大的地區，

《左傳·昭公九年》記載周景王所說的一段話對此有較確切的描述：「我自夏以後稷，魏、駘、芮、岐、畢，吾西土也。及武王克商，蒲姑、商奄，吾東土也；巴、濮、楚、鄧，吾南土也；肅慎、燕、亳，吾北土也。」現在一般認為在萬邦區域分布有許多地方政權，這些地方政權主要分為以下幾類：

一是由周初王室分封其子弟、功臣而形成的一批諸侯國。對中國古代歷史有一些了解的人們，一定都知道西周初年周公旦在平定了其兄弟管叔、蔡叔、霍叔等人的叛亂後，大規模分封諸侯的故事。從這件事中，我們可以得知，以周初的政治形勢來說，如果要周天子直接統治廣闊的被征服地區，實在有些力不從心，於是採取了封建制的辦法來解決這一問題。所謂封建制，即封邦建國，周天子將其所居住的王畿以外的地方，透過隆重的授土授民儀式，分封給同姓親戚與一些異姓功臣，建立諸侯王國，讓他們來獨立管理所封土地及依附在這片土地上的人民。

二是周天子以冊封的形式將原本已存在的方國部族變成自己名義上的諸侯國。如《史記·楚世家》就有這樣的記載，周成王時，楚國的先君熊繹即被「封以子男之田，姓羋氏，居丹陽」。他們的獨立性雖然比前面一種相對要大一些，但與周天子之間仍有明確的君臣名分。

周代施行封建制並不是人為的願望，而是一種迫不得已的行為。商周之際，地廣人稀，交通不便，周王朝在推翻殷商統治之後不可能建立領土國家，以直接統治所有被征服地區，只能建立據點式的城邦國家，以間接統治普天之下。而且以周初的政治形勢而言，還必須加倍防範被征服者的反抗。分封的目的，即是借助這些諸侯之手「以藩屏周」，可使周天子對周邊地區的控制增強。這樣，「萬邦」之地在形式上便完全在周天子的控制之下了。

諸侯在名義上是臣屬於周天子的，要定期向周天子朝覲、納貢及率軍從征，但周天子對諸侯的控制相當有限，那些接受冊命的方國部族自不待言，就是由周天子分封的諸侯，在受土受民而建國之後，此土此民便不再與周天子有關。各諸侯國內是由邦君自己統治的，有相當大的獨立性。諸侯國在自己的封國內，大體依照周代的中央職官結構來分職設官。此外，這些諸侯王可將國都之外的地區分封給自己的大夫立家，大夫則可以繼續向下將屬於自己的土地分封給自己的子弟與家臣。透過這種在全國建立一批大小不等的諸侯王國的方式，達到政治權力的層級分化，從而形成向最高統治中心周王朝匯聚的政治局面。

由上面所述可以看出，西周實際上是一個全面分權的社會，周天子所直接管轄的地

域範圍只是王畿而已，至於諸侯國內的行政事務則與天子無涉。周王與各諸侯間只有政治上的統屬關係，而無行政上的治理支配關係，不存在什麼中央與地方的行政關係，如果勉強稱之，這種中央與地方關係也與後世中央集權下的真正的中央與地方關係有著顯著的不同。換句話說，周天子與諸侯間僅僅是統而不治，地方上不存在任何形式的行政區劃。這是因為行政區劃是與集權制的中央國家相連繫的，其實質就是分民而不分土，國君只是將自己直接控制的區域，進行分層次的劃分，並派遣可以定期撤換的官員來進行管理。因此，我們所熟知的在《詩經》中所稱頌的「溥天之下，莫非王土；率土之濱，莫非王臣」的景象，只是一種虛構，並不能反映西周分權的真實面貌。其時，在地域上只存在國與野的差異。這裡所說的國，即指城，在城之外為郊，郊之外為野。國中之人稱為「國人」，為統治者，住在郊外的是被統治者，稱為「野人」。國與野之間的差別，並不是行政區劃的不同，而是城邦內外因人而異的制度上的差異。

秦郡縣制

翻開司馬遷寫的《史記》中的〈秦始皇本紀〉，我們可以看到如下的一段記載：在秦剛剛完成統一的西元前二二一年，秦王嬴政在都城咸陽（今陝西咸陽東北）召集各位大臣，開了一個具有十分重要意義的宮廷御前會議。這次會議所討論的內容主要有兩件事：一是商議帝號；一是制定制度。

秦本來是與齊、楚、燕、韓、趙、魏等六國一樣的諸侯國，經過多年的征戰，如今將其他六國全部平定，四海歸為一統，秦王嬴政覺得自己功高蓋世，認為如果再用與原六國的國君一樣的名號來稱呼他，是無法顯示他的豐功偉績，也無法使他流名百世的。於是他在群臣建議的基礎上，自定為「始皇帝」。群臣對此也都表示同意，並無異議。

至於會議所討論的第二件事，則沒有如此順利，非但如此，還引發了一場不小的爭論。以丞相王綰為代表的一批大臣，率先向秦始皇建議說：現在秦剛剛統一了六國，原六國之地，如燕、齊、楚等，地處較遠，如果不分封新的諸侯王，恐怕無法鎮撫這些地區，所以請求立諸皇子為王，希望聖上能夠批准。秦始皇於是將這一提議交給群臣們討論，結果幾乎所有的大臣都認為這個辦法非常好，應該實行。唯獨廷尉李斯對此不以為

然，他辯論道：「當初周文王與周武王分封了很多的同姓子弟為諸侯王，但是後來這些諸侯王彼此之間的關係漸漸疏遠，互相攻擊，視同仇人，周天子對此也不能禁止。現在四海之內，仰仗陛下的神靈而得以一統，成為了郡縣之地。用國家的賦稅重賞諸位王子與功臣，就已經足夠了。改行郡縣制，天下沒有不同的意見，就說明這一制度是有利於國家安定的措施，所以說分封諸侯是不適當的做法。」聽了李斯一席話之後，秦始皇最後說：「天下的人們苦於連年的戰爭不止，之所以會造成這樣的原因，就是因為有諸侯王的存在。我們仰賴祖輩，使天下剛剛平定下來，現在又要分封諸侯國，這是在製造戰爭啊，而在這種情況下，卻還要尋求安寧，豈不是一件非常難的事情嗎！因此，還是廷尉李斯所提的實行郡縣制的建議說得對。」

於是秦始皇按照李斯的建議，不立尺土之封，推行郡縣制，將全國分成了三十六郡，每郡設郡守、郡尉、監御史等官。這些郡的官員，都由中央朝廷直接任命，而且可以定期更換。郡守是一郡的行政長官，權力很大，除了所轄各縣的長官由中央任命外，一郡的屬吏都由郡守從本郡人士當中辟舉。在治郡方略方面，郡守可以施展自己的才能，朝廷對此不加干預。郡尉典武職甲卒，不是郡守的屬官，而是直接領受朝廷的命令。監御史負責監察郡治，又叫郡監，隸屬於御史中丞，是中央監臨地方的官員。因此，監御史、郡守、郡尉雖然在職務上相互連繫，卻不相隸屬。郡之下再轄縣，每個縣依據大小不同，設令（大縣）或長（小縣）。

三十六郡的劃分是在秦代初期時的疆域基礎之上進行的，其中許多郡是沿襲原六國之舊而未做變動，部分郡則是加以改建。同時，又在原六國的各自都城地區置郡，齊的五都之地也被改置為二郡之地。這之後，大約在秦始皇二十九年（西元前二一八年），秦軍向南越過南嶺，開始了對南越人的征服。幾年之後，秦軍再次從水路，沿史祿率人開鑿的溝通湘江與灕江的運河——靈渠，到達嶺南，占領了五嶺以南的南越地（今廣東、廣西及越南東北部），然後設立了南海、桂林及象郡等三郡。

秦始皇三十二年（西元前二一五年），大將蒙恬奉秦始皇的命令，帶領三十萬大軍向北，將活動在河套一帶的匈奴人趕走，收復了戰國時趙國的地盤。第二年，秦便在陰山以南、黃河以東的區域內設置了九原郡，統轄新在這一區域內建立的三十四個縣（一說四十四個縣）。為了加強秦朝北部的邊防，秦始皇又徵募勞力將戰國時期秦國、趙國和燕國各自築造的長城連接起來，加以補建修繕，最後建成了一條西起臨洮（今甘肅岷縣），沿黃河、陰山，東至遼東（今朝鮮平壤西北海濱）的萬里長城。

此後，秦又陸續從已置的郡中分出一些新郡，這樣，到了秦代末年，除去都城咸陽

附近關中平原為秦內史的轄區外，史書上記載的秦郡共有四十八個，統轄大約一千個左右的縣級政區。另外，秦在征服的少數民族政權區域內，並未置縣，而是設立了與縣同級的道來進行管理。

從自然地理角度來看，秦郡的劃分，基本上是以山川為界，郡的轄區範圍與自然地理區域之間頗為吻合，這從以下三個方面可以看出：一是秦時每郡的劃分一般來說即是一個地理單元，例如首都所在的內史，占據了當時最為富庶的關中盆地，或者說是渭河沖積平原；而漢中郡的範圍與漢中盆地大體相當，南陽郡的轄區也即相當於南陽盆地；二是如果自然區域的範圍比較大，就分設為兩郡，像雲中與九原兩郡共同管轄河套沖積平原，巴郡和蜀郡一起統轄四川盆地，都是很好的例證。三是每郡大多以一個肥沃的盆地或者是平原為核心，然後推廣到四周的高原或者是山地，北地、上郡、上黨、太原、河東、代郡、雁門等郡就是這種情況。

從以上秦郡劃分情況來看，可以知道，由於當時的經濟以農業為主，這就需要每郡保證有相當的耕種土地，以使農業生產有一定的堅實基礎。在此基礎之上，行政管理也才能發揮效應。

秦朝郡縣制的全面實行，象徵著中央集權制國家的形成，中國從此成為皇權專制的中央集權制國家。後世對秦始皇的這一做法，大多盛讚不已，將「罷侯置守」、「廢封建立郡縣」列入中國歷史上所發生的少數幾件最重要的大事之中。雖然秦代並未像秦始皇當初所想像的那樣成為萬世一統的大帝國，而僅僅持續了二世，並在陳勝、吳廣為首掀起的農民起義中，結束了其十五年的統治，但秦代所形成的專制主義中央集權制國家，及其所確立的以郡縣制為表現形式的行政區劃，卻並未就此夭折，而是由此而為後世歷代所遵奉，持續了兩千餘年的時間。

秦代雖然確立了郡縣制這一在當時具有進步意義的制度，但由於它的殘暴統治，郡縣制的優越性尚未得以體現，便迎來了各地人民的反抗。西元前二〇九年，陳勝、吳廣在大澤鄉（今安徽宿縣東南）帶領戍卒九百人，揭竿而起，率先反對秦王朝的統治後，各地的農民紛紛響應，原戰國時期的六國貴族，也在此時加入推翻秦朝的隊伍之中。

在反秦的大軍當中，逐漸形成以項羽、劉邦為首的兩支起義軍。項羽，是楚國貴族之後，從其叔父項梁在吳（今江蘇蘇州）起兵反秦，項梁戰死之後，成為起義軍的統帥，並在鉅鹿（今河北平鄉西南）之戰中，大敗秦將章邯，摧毀了秦軍的主力。劉邦，本為沛縣（今江蘇沛縣）的一個小亭長。他在沛縣起兵後，最初屬項梁麾下，後與項羽領導的起義軍一同成為反秦的主要力量。

西元前二〇六年，劉邦率軍攻占了秦都咸陽，推翻了秦王朝的統治。隨後項羽的大軍也進入了咸陽，他自封為西楚霸王，又分封了十八個諸侯國，劉邦是其中的漢王，占有巴蜀與漢中地區。不久，劉邦與項羽二人便展開了長達三年多的「楚漢戰爭」。在西元前二〇二年，項羽被劉邦的大軍圍困在垓下，兵敗自刎而亡。同年，劉邦稱帝，建立了漢王朝，史稱西漢。

分封制

漢朝剛剛建立，漢高祖劉邦便分封了七個異姓功臣為諸侯王。為了以示鄭重，還採用了剖符的方式，即將一片刻字的鐵符，一分為二，由皇帝與被分封的功臣各持一半，作為憑證。鐵符上的文字是：「使黃河如帶，泰山如厲，國以永存，爰及苗裔。」意思是說，國家如同黃河、泰山一樣永存，你們可以將爵位傳給你們的後代。

這七位異姓諸侯王早就擁兵自據，與其說是分封，倒不如說是劉邦對他們形成的割據局面的承認。燕王臧荼，原本是項羽所封，因其地處東北，遠離都城，劉邦無力直接控制，於是待他歸漢後，只得繼續封為燕王。韓王信是戰國韓襄王的孫子，一直跟隨劉邦南北征戰，立過不少戰功，所以等他奪取韓地後，劉邦封他為韓王。趙王張耳，原被項羽分封為常山王，後投奔劉邦，他與韓信一同攻下趙地後，被封為趙王。楚王韓信，在劉邦與項羽的作戰中，聲名顯赫，功績卓著。他先讓劉邦封他為假齊王，劉邦本不願意，但迫於當時形勢，便採納謀士張良之策，不得已而封他為真齊王，後由於劉邦覺韓信勢力太大，在擊敗項羽後，以其是楚人，熟悉當地習俗為由，將其改封為楚王。淮南王英布，本在項羽手下領兵作戰，被封為九江王，後劉邦派人說服他，改投劉邦，被封為淮南王，讓他與項羽作戰，收復原來的封地。梁王彭越，在秦末聚眾起兵。楚漢戰爭時，率兵三萬多人歸順劉邦，數次攻占梁地，斷項羽糧道。為了換取他出兵會師，劉邦許諾打敗項羽後，將睢陽以北到谷城之間的土地封給他。項羽敗後，彭越便被劉邦封為梁王。長沙王吳芮，原為秦朝的番陽（今江西波陽東北）縣令，秦末率領越人起兵，跟隨項羽人關，被封為衡山王。項羽敗亡後，擁戴劉邦稱帝，被改封為長沙王。

上述七個諸侯王國的封地占據了當時漢朝整個疆域的一半，而且是東部最富庶的地區。而此時由高祖劉邦所親自統轄的漢郡卻只有十五個，出現了諸侯王國與漢郡並存的情況。

如此的政治地理格局，使劉邦心裡很是不快，分封這些異姓王本來就不是他所願意做的事情，又加上這些諸侯王手中握有重兵，不聽中央政權的調遣，實際上對劉邦的統治已構成很大的威脅，因此從分封的那一天起，他便開始考慮用什麼樣的辦法，將這些異姓王一一剷除，以解心頭之患。

於是在隨後的幾年時間裡，劉邦千方百計地尋找藉口，分別以「謀反」的罪名，將長沙王之外的其他六個異姓諸侯王逐一翦除。長沙王吳芮及其後人之所以能夠在這場清除異姓王的過程中得以倖免，主要是因為長沙國地處漢朝南境，人口稀少，吳芮及其後人一向小心謹慎，絕不讓皇帝感到他們已對漢朝構成了威脅。長沙國一直延續至文帝初年，才由於吳氏無人承繼王位而取消。從此，劉邦下令說：「非劉氏而王者，天下共擊之。」就是說，如果今後再有不是姓劉的人當了諸侯王，天下的人應當聯合起來一起消滅他。

在來自異姓諸侯王的威脅基本掃除之後，漢高祖劉邦又開始分封同姓諸侯王。他之所以會採取這樣的措施，分析起來，主要有兩個方面的原因：第一，劉邦認為秦朝僅經二世便迅速滅亡，其原因便是沒有分封同姓諸侯王國，這樣一旦境內出現反叛，就不會有人出來拱衛中央政權。劉邦自然不願重蹈秦朝短命的覆轍，於是便大規模地分封同姓諸侯王，以便有足夠的屏藩中央政權的力量。另外，已分封的異姓諸侯王對劉邦的討價還價，關鍵時刻不服從他的調遣，更促使了他加快分封同姓諸侯王的步伐。第二，由於秦推行郡縣制的時間很短，人們對這一制度還缺乏足夠的認識，不少人誤將秦朝出現的殘暴統治與郡縣制的實行連繫起來，認為二者之間存在著因果連繫。另有一些人，雖然不反對推行郡縣制，但同時又認為分封制也不錯，同樣有存在的必要，兩種制度可以同時實行。這些看法都或多或少地影響到劉邦，於是他雖然清除異姓諸侯王，但並不廢棄分封制，而他分封的同姓諸侯王國又採用的是分封制與郡縣制的混合體。在諸侯王國之下，依然有郡縣，這些屬於諸侯王國的郡被叫做支郡，名義上雖然還是屬於中央政權的，但實際上已在諸侯王的直接管轄之下了。從上面的分析中可以看出，漢初的分封制已與西周時期的分封大不相同，這時的分封，只不過是郡縣制的一種變形而已。在這些諸侯王國中，官員的設置與漢郡有所不同。在官員的設立上，諸侯王國與中央相同。漢中央政府為其設置輔佐諸侯王的太傅與統領眾官的丞相，至於御史大夫以下諸卿，則是由諸侯王自己任命。

除了諸侯王以外，劉邦還分封了一百多位功臣為列侯，建立侯國，其地位與縣相當，但直接隸屬中央。漢初所實行的行政區劃，可以用下圖直觀地表示出來：

到劉邦死前的高帝十二年（西元前一九五年），同姓諸侯王替代異姓王的工作基本完成，其時，劉邦的子弟同姓為諸侯王的有九個，只有一個異姓的長沙王。這些同姓諸侯王國分布在太行山以東，大的諸侯王國統有六、七個支郡，小的也有三、四個，它們與長沙國在地域上連成一片，總封域占當時漢朝整個疆域的一半以上，而漢中央政權直接控制的郡僅有十五個，大體相當於今天的陝西、山西南部、河南北部與中西部、湖北與四川的大部、黃河以東南的寧夏與甘肅，從面積上說，比高帝五年異姓諸侯王國存在時的漢郡領域還小。然而，諸侯王國的存在與中央政權之間不可避免地會產生矛盾。諸侯王享有特權，可以任命所轄支郡的郡太守以下的官員及徵收賦稅徭役。此外，他們還利用控製鹽、鐵等資源，減免百姓賦稅，與朝廷爭奪民戶。平日，他們還豢養了不少賓客，幫他們出謀劃策，透過各種方法與漢廷分庭抗禮。同姓諸侯王的這些特權與舉動，使得中央政權不得不採取措施，限制與打擊他們勢力的增長。劉邦死後，呂后執政，她採用分封外戚為王的方法，試圖抑制同姓諸侯王的發展。她廢梁、趙，割齊、楚，先後設立了八個與呂氏有關的諸侯國。這種做法自然引起了劉氏宗室的不滿，因此，在呂后死後，同姓諸侯王便與朝中大臣聯手，除掉了諸呂，擁立文帝，恢復了劉姓政權。隨後，將呂后所封的外戚諸王廢除，復齊、楚、趙諸同姓王國的故地。這樣一來，除了長

沙國一國之外，重新又出現了諸侯王國都為劉姓的情況。由於在文帝即位之事上，同姓諸侯王立了大功，因此，文帝對他們優禮有加，使得這些同姓諸侯王的氣焰更為囂張。

但是這些同姓諸侯王國畢竟是中央政權的潛在威脅，尤其是到了此時，同姓諸侯與皇帝之間的親屬關係已經疏遠，人人都想嘗嘗當皇帝的滋味，如不加以限制，一旦這些諸侯王發動叛亂，勢必會對中央政權造成嚴重的危害。有鑒於此，文帝採納大臣賈誼的以親制疏與「眾建諸侯少其力」的建議，先後做了兩件事，一是把自己的親子由淮陽王遷為梁王，目的是為了牽制其他較疏遠的同姓諸侯王；一是趁齊文王死時，無子即位，將齊國一分為七，又遷淮南王為城陽王，把原淮南國一分為三，用這種分地的方法使諸侯王國的轄境變小，藉以達到削弱諸侯王勢力的作用。到文帝十六年（西元前一六四年），諸侯王國的數目已增加到了十七個。漢郡的總數也由於諸侯王國的更動而有所增加，到文帝後期，已達二十四個。

漢景帝初年，御史大夫晁錯針對諸侯王國這個困難的問題，向景帝提出削藩之策，將諸侯王國下轄的支郡削掉，收歸中央。景帝採納了他的建議，在他即位的第三年（西元前一五四年），消掉楚王與趙王的各一個郡，膠西王的六個縣。這一舉措無疑直接觸及了諸侯王們的利益，引起了他們的強烈不滿。當朝廷下令削吳國二郡的詔書送到吳王

劉濞的手中時，這位資格最老、實力最強的諸侯王便聯合楚、膠西等六國起兵叛亂，這就是歷史上著名的「吳楚七國之亂」。當時吳王在他統治的諸侯國境內實行總動員，徵集了二十多萬人，打著誅「賊臣晁錯」的旗號，與楚國聯合攻打對朝廷效忠的梁王，殺死了好幾萬人。景帝得知這一消息後，大吃一驚，連忙派太尉周亞夫等人分頭迎擊反叛的七個諸侯王。在此期間，景帝又聽信諂言，將獻「削藩策」的晁錯問斬，以為這樣就可以平息諸侯王的叛亂。但當他得知吳楚等國並未因此而收兵時，才醒悟過來，後悔不已。在周亞夫等人的率領下，漢軍僅用了不到三個月的時間，便將反叛的七國全部平息，吳王等七個諸侯王都落得了悲慘的下場，不是被殺，就是自殺。

同姓諸侯王的勢力在這場平叛中遭到重創，景帝乘機將諸侯王的支郡、邊郡收歸漢廷所有，諸侯王國領域變得只有一郡之地。諸侯王任命官吏和徵收賦稅的特權，也被同時剝奪。不再允許他們管理民政，僅是按朝廷所規定的數額領取自己國家的租稅作為俸祿，如此一來，諸侯王國的地位大大下降，已經變得和一般的漢郡沒有什麼差別了。漢代的行政區劃也相應地簡化為郡（國）縣二級制，具體形式如下：

因為漢廷接納了不少諸侯國的支郡，使漢郡的數目猛增。在景帝中元六年（西元前一四四年），與二十五個諸侯國並存的漢郡已增加到了四十三個。

同姓諸侯王國在歷經了景帝的削藩之後，雖然王國變得僅領一郡之地，但是有些大的王國境內仍然是數十座城池相連，擁有上千里的地盤，勢力依然不小。武帝執政後，為了防止這些諸侯王國互相聯合起來，反抗中央政權，於是採納謀臣豐父偃的建議，在元朔二年（西元前一二七年），頒布「推恩令」，用以縮小諸侯王國的領地。這一措施的具體方法是，諸侯王可以用自己的私恩將領地內的土地割給他的子弟，由朝廷定立封號，建立侯國。新的侯國一旦設置後，這塊地方就不再從屬於原來的諸侯國，而必須改為相鄰的漢郡統轄。如此一來，侯國設置的越多，諸侯王國的領域便會變得越來越小。因此，推恩令的實施，效果與削地沒有什麼實質性的差別，只不過是規模沒有削地那麼大，並且名義上比削地好聽罷了。實行推恩令，從表面上看好像是諸侯王自己願意的，但實際上是帶有強迫性質的。一個諸侯王有多少個王子，就必須分封多少個王子侯國，而諸侯王一般都有很多王子，因此西漢所出現的王子侯國前後竟然有幾百個，經過幾代以後，諸侯王國的領地已大為縮小。到了西漢末年，有的諸侯王國變得只有三、四個縣的範圍了。

經過推恩，諸侯王國的實力已嚴重削弱，走向衰落，再也無法構成對中央政權的威脅了，諸侯王國的數目也從漢武帝初年的二十四個降到末年的二十個以下。至此歷經文、景、武帝三代的努力，終於將同姓諸侯王國這個中央政權的威脅徹底消除了。

典農校尉

典農校尉是孫吳政權存在時出現的一個特例。孫吳據有江南這塊肥沃的土地，當時為了大力發展農業生產，分吳郡（轄區相當於今江蘇、上海長江以南、浙江東部地區）無錫以西地區為毗陵（今江蘇常州）典農校尉，採取軍事屯墾方式開發這一片土地。校尉本是軍職的一種，在這種特殊情形之下，它也成為了一種特殊的政區名稱。到了西晉初年，政府將毗陵典農校尉改為了毗陵郡（轄境相當今江蘇常州、鎮江、無錫、武進、江陰、丹陽等地），成為正式的行政區劃。

除去毗陵典農校尉之外，吳國還在丹陽郡的轄區內設置了江乘典農都尉（今江蘇句容北）、湖熟典農都尉（今江蘇江寧湖熟鎮）及溧陽屯田都尉（今江蘇溧陽）等與縣同級的典農都尉。到了西晉初年，這些典農都尉都被改為了縣。

遙領與虛封

在秦漢時期，刺史與太守所管轄的州郡都是有實際區域的，是實實在在的行政區劃。漢代所分封的諸侯王國同樣也是有實土的政區。然而，到了三國時期，出現了兩種特殊的行政制度——遙領與虛封，使得行政區劃變得可以沒有實土而僅僅是一種虛幻。

史書上是這樣記載遙領與虛封的：「遙領者，不入版圖之地，而別於國內他處設刺史郡守以轄之也。虛封者，則僅有封爵而無實土之謂也。」用通俗一點的話說就是，遙領是用不屬於本國的州郡來設置刺史與太守，而虛封則是受封的諸侯王只有一個虛的封號，其封域卻在他國的境內。這種制度是在分裂時期的特殊產物。當時，魏、蜀、吳三國各據一方，其中的每一方都期待著有一天能打敗另外兩個對手，自己一統天下。於是在這一願望沒有實現或無望實現時，便只好用遙領與虛封的方法，在精神上滿足一下自己。下面我們就來看一下這些方面的具體實例。

史書上記載，黃權曾任魏國益州刺史，田豫為平州刺史，但是黃權在擔任益州刺史時，益州正是蜀漢的重地，不可能屬於魏國，而田豫作平州刺史時，該地區也還在公孫

氏政權控制之下，同樣不可能屬魏。

至於吳、蜀兩國，遙領與虛封的作法尤為盛行。黃龍元年（西元二二九年），吳、蜀兩國相約三分天下，冀、兗、並、涼四州屬蜀，豫、青、徐、幽四州屬吳國，兩國各在其範圍內設置刺史、州牧。但是這些地方當時實際上都是魏國的領地，吳、蜀兩國不可能在這些地方設置名副其實的刺史、州牧，不過是名義上的遙領罷了。另外，吳、蜀兩國還虛封了不少的諸侯王，如蜀有魯王劉永、梁王劉理、北地王劉諶等，吳國有南陽王孫和、魯王孫霸、齊王孫奮，這些所封的地方也都在魏國境內，蜀、吳兩國並不實際占有。

魏、蜀、吳三國為西晉統一之後，產生遙領與虛封制度的政治基礎已不存在了，因此，這一制度便隨之消亡了。此後，在南北朝時期，這一制度又曾復活了一段時間，但其遙領與虛封規模，已遠不如三國時期的興盛了。

西元二六三年，魏攻蜀，直抵成都，後主劉禪降魏，蜀漢亡。兩年之後，司馬炎逼魏元帝曹奐禪位，自稱皇帝，建立晉朝，史稱西晉。晉太康元年（西元二八〇年），出兵滅掉了孫吳。至此，三國鼎立的局面宣告結束，歷史又進入了一個新的統一時期。

雙頭州郡

東晉南北朝時期，在所設立的州郡當中，還出現了一種特殊的情況，即兩州為同一刺史，並且兩州同治一地，或兩郡為同一太守，並且兩郡合治一地。這樣的州郡即被稱為雙頭州郡。在當時，雙頭州的設立較少，雙頭郡的建置則較多。

一般認為，雙頭州郡開始出現在東晉時期。在《晉書．毛璩傳》中可以看到這樣的記載，東晉孝武帝太元中，毛璩擔任了譙、梁二郡的內史，安帝時又任宜都、寧蜀二郡的太守，與他同時，文處茂出任了巴西、梓潼二郡的太守。另外，毛璩的弟弟毛瑾也曾任梁、秦二州的刺史、略陽武都太守。可見，雙頭州郡在孝武、安帝時期已經是很普遍的現象了。

之所以會在東晉南北朝時期出現這種情況，並不是出於兼職的考慮，而是因為當時土地荒蕪，民戶稀少，或者是土地已落入敵國手中，卻又不願對政區進行省並，所以採取了硬是將二郡合為一個太守，二州合為一個刺史的做法。不過，這還不足為怪，更令人奇怪的是，在雙頭郡中居然會有兩郡一共只轄有一縣的情況發生。如果一郡只轄有一縣，已經是很不正常的事情了，這樣的郡完全已沒有存在的必要了，而這種兩郡才只

轄一縣實在是政區的一種畸形發展。我們在北魏所設立的雙頭郡中，就可以找到這種實例，當時新蔡、南陳留二郡便僅轄有陽（今安徽臨泉西）一縣。

雙頭州郡存在的形式，大致有以下三種：一是僑州郡寄治於實土州郡。如東晉、宋時的青、冀二州，同治在東陽城（今山東青州北）；南朝齊、梁的東莞、琅二郡，同治在朐山（今江蘇連雲港舊淘洲）。二是兩個僑州郡同治一地。如宋的清河、廣川二郡，它們是冀州僑郡，同治在盤陽城；青、冀二僑州，一同治於郁州。三是兩個實土郡同治一地。這種情況只出現在雙頭郡當中。如宋的汝南、新蔡二郡，同治在汝南郡上蔡縣的懸瓠城（今河南汝南）。

雙頭州郡大多設立於東晉南朝的北部邊地，北朝沿襲的是南朝的舊制。從地理分布上來看，從今天的四川中部、陝西南部，一直到淮水南北及山東西部，都可以找到雙頭州郡的蹤跡。據學者們的研究統計，在東晉南朝一共出現過雙頭州九個，雙頭郡七十多個。它們中的大多數變化十分頻繁，如有的雙頭州郡的治所時常發生遷徙，而有的兩州或兩郡又會發生分開或者合併的現象。等到隋朝統一全國，將僑州郡縣全部撤除，雙頭州郡也就隨之不再存在了。

都督區與行臺區

都督一職起源於東漢，但當時只是一種出於軍事需求而設置的臨時性官職，並不是常制。到了曹魏時期，由於對吳、蜀兩國作戰的需要，這一職務已相對固定，並且有了管轄範圍，即都督區的雛形，但當時都督還是只管軍事，不理民政。到了東晉以後，都督已兼任州的刺史，總攬軍民政事，都督區也趨於穩定，成為了州以上的一級準行政區劃。

依據東晉與南朝都督區的管轄範圍和權限的情況，可以大致分為州之上的都督區與郡之上的都督區兩大類。前者是中央政府將全部州級政區比較有計劃地分成幾個大區域，然後各設都督後而產生的，故區域相對比較穩定。如東晉與南朝時的荊州都督區就屬於這種類型的都督區，通常統轄荊、益、寧、雍、梁等五州，有時還會兼統江州或者是交、廣二州。後者的設立則帶有隨意性，並不是把所有的郡全都劃入，而只是設置在要地，因此區域具有一定的伸縮性，經常會隨形勢與所任都督的人選而發生變動。沔中都督區就是這種類型的一個例子，這個都督區由以襄陽為中心的沔中八、九個郡組成，統屬於荊州都督之下，作為荊州的屏障。

北朝的都督區則遠不像東晉與南朝那樣發達，北魏太武帝時，才開始採用都督制。獻文帝以後，都督的設置雖然逐漸增多，但這時的都督區還不是十分穩定，經常變化。西魏末年，都督才成為既管軍又管民的地方大員。北周時，改都督諸州軍事為總管。總管的權力比都督要大，而且轄區也比都督區穩定。

另外，還需要說明的是，東魏與北齊的都督設置並不顯著，而是在州之上設立一種叫「行臺」的地方行政機構。三國時期，天下紛爭，朝廷的軍政大權，常常可以被一人操縱。當這樣的一位權臣遠離都城時，又往往在他的在外駐地設立「行臺」。史書上就記載了這樣的一個例子。當時在曹魏執掌大權的司馬昭率兵前去討伐諸葛誕，但他仍想兼理朝中的政務，於是散騎常侍裴秀、尚書僕射陳泰、黃門侍郎鐘會等以「行臺從」，不過這時的行臺只是中央權力的行動機構，與地方行政無關。等到北魏道武帝南下入居中原，在平城（今山西大同）建都，想要用平城控制河北，於是設置鄴行臺、中山行臺，但由於當時主要是臨時用來代理中央政府處理對外征討方面的事情，因此這一制度不久便廢除了。北魏統一北方後，依然實行的是都督制，直到東魏武定年間，行臺才又恢復設立。行臺原本是尚書行臺的簡稱，意思就是中央尚書臺的地方分部，是代表中央權力管理地方的行政機構，在地方上遇到一些事情，行臺可以不必上報中央，而就地自行解決。北齊時，隨著都督區的逐漸消退，出現了普遍設置行臺的現象。這時的行臺，一般統州十幾個，轄區相對穩定，凡是州刺史以下的官員都在行臺的統領之下，兼管軍政與民政，儼然已是州、郡、縣以上的一級行政區劃了。我們可以來看一個當時行臺的具體實例。北齊文宣帝時，有一個叫辛術的人做到了東南道行臺尚書這樣的高官。當時擔任東徐州刺史的郭志殺死了一個郡太守，文宣帝聽到這個消息後，深覺有必要加強對地方的治理，於是他下命令給辛術，讓他在所統領的十幾州的區域內，遇到犯法的官員，除去州的刺史要先上報，聽從朝廷處理外，以下的官員可以先自行決斷，處理之後，再上報中央。後來，辛術所負責的行臺區內，果然有官員不法，結果辛術便按照文宣帝所說的，將這些人就地法辦了。

隋朝時，也曾為了軍事需要而設置行臺省。開皇八年（西元五八八年）隋文帝出兵伐陳時，就曾在壽春（今安徽壽縣）設立淮南道行臺省，等到陳被隋滅掉之後，這個行臺省也就廢除了。

唐代初年，行臺制度還在實行。高祖李淵滅占據洛陽的王世充時，就曾一度設立過陝東道大行臺省。李世民當上皇帝以後，覺得行臺權力太大，對中央政權構成很大的威脅，才下令將它廢除。

六鎮

北魏是西元四至六世紀鮮卑拓跋部族建立的一個中原王朝。在用武力統一北方以後，北魏統治者為了鎮壓被征服人民的反抗，鞏固中央政權的統治，在全國範圍內推行鎮戍形式的軍事制度。不過，這一制度在具體實施中，又根據不同地區居民的具體情況而採取不同的運作方式。在東南漢人大量聚集的地區，在設置軍鎮的同時，依然保留了州郡縣三級的地方行政區劃，並把鎮與州的官員安排在同一個治所。鎮的長官——鎮將只負責軍事事務，不負責管理當地的民政，但在西北鮮卑與其他少數民族居住的區域，情況則有所不同。在這裡完全不設州郡縣，而只用軍鎮來進行管理，鎮與鎮之下的戍所產生的作用與州郡縣的大體相當。鎮將與戍的長官——戍主也就相當於州刺史和郡太守，他們不但管軍，而且治民。於是，這一區域的軍鎮成為了軍政合一的地方政權機構。因此，北魏前期地方上最高一層的行政區劃是州鎮並稱的。

北魏西北軍鎮所管理的鎮民主要有三種人，一是占大多數的拓跋族固有的成員，他們已習慣於原有的生活方式，不願意隨王室內遷，依然實行著部落式的制度。另外一部分人就是被迫遷徙到這裡的漢人和其他少數民族的人。北魏建都平城後，為了充實首都及其北部（今內蒙古中部）的人力與物力，統治者便把在戰爭中掠奪來的人口都安置在這一片地區，讓他們從事農業生產或者是游牧業的勞動。這樣，在這片區域內就出現了拓跋鮮卑人與漢人和其他少數民族的人雜居的現象。還有一種人就是被發配到這裡的罪犯。對於上述三種類型的人採取軍鎮這種軍管式的方式，讓他們都從屬於軍鎮之下，不再另設民政機構進行管理，可以說是再合適不過的了。

北魏的軍鎮設置，主要盛行於太武帝到孝文帝前期六十多年的時間內（約西元四二二年至四八四年）。後來，內地的軍鎮都相繼改成了州，成為了純粹的民政機構，只有北部的軍鎮，為了防禦北方少數民族柔然的南下和鎮壓當地人民的反抗而保留了下來。這些北部軍鎮，從西向東，順序為高平鎮（今寧夏固原）、薄骨律鎮（今寧夏靈武西南古黃河沙洲上）、沃野鎮（今內蒙古五原東北）、懷朔鎮（今內蒙古固原西南）、武川鎮（今內蒙古武川縣西之土城）、撫冥鎮（今內蒙古四子王旗東南土城子）、柔玄鎮（今內蒙古興和臺基廟東北）、懷荒鎮（今河北張北）、撫夷鎮（今河北赤城北）。所謂的北魏六鎮，指的就是沃野、懷朔、武川、撫冥、柔玄、懷荒等六鎮，它們分布於今內蒙古的中部區域。

北魏前期，因為北方六鎮靠近首都平城，是邊防上的一道重要屏障，因此備受中央

政府的重視，無論是在鎮將的選拔，還是在鎮兵的招募上，統治者都是非常用心的，只有親信與可靠的人才能獲選。另外，由於六鎮的將士經常要與南下的境外少數民族柔然從事戰爭，保衛邊疆，所以，他們還享有特殊優待，賦稅與徭役也都被免除。但是自從孝文帝遷都洛陽之後，北魏六鎮的情況便不比從前了。這主要是因為內遷的拓跋鮮卑貴族有許多已當上了高官，他們聯合漢族的高門地主，把持朝綱，那些留在六鎮的拓跋鮮卑貴族便自然受到冷落，幾乎不再有進一步升遷的機會。他們當中有許多人對自己的這種境遇深感不滿。

與此同時，因為都城南遷，北方邊防不再受到特別的重視。不僅鎮兵的品質有所下降，就連朝廷派來的鎮將也大不如前。這些鎮將極其貪婪，對鎮兵與人民進行殘酷的壓榨與剝削。

景帝四年（西元五〇三年），宣武帝為了緩和北方六鎮內部日趨激化的矛盾，派了一個叫賀懷的大臣前去考察官吏的施政情況，並同時賑濟當地的貧苦人民。結果令賀懷大為吃驚的是，他在六鎮之中，居然沒有找到一位可以稱得上是廉潔守法、秉公辦事的官員，當時擔任沃野鎮將的于祚、懷朔鎮將的元尼須等人，都是百姓痛恨的大貪官，每天向賀懷告狀的老百姓絡繹不絕。這件事說明，六鎮內部已危機四伏。

孝明帝正光四年（西元五二三年），懷荒鎮的軍民在遭受柔然的搶劫後，要求鎮將于景發給他們一些救濟糧，以便可以維持生活。沒想到，他們的這一合理要求遭到于景的拒絕。鎮內軍民對此十分憤慨，於是聯合起來，殺死了于景，從此揭開了北方六鎮各族人民大起義的帷幕。

第二年三月，沃野鎮的匈奴人破六韓拔陵率領眾人起義，先殺死了高闕戍主，又殺死了鎮將，占領了沃野鎮。其他各鎮的各族人民見此情形，爭先響應。燃起了六鎮人民大起義的熊熊烈火。

破六韓拔陵率領的起義軍雖然大敗北魏軍隊，一度攻占了武川與懷朔二鎮，但最後還是被鎮壓下去了。隨著六鎮各族人民大起義的失敗和軍鎮城池的殘破與荒蕪，北魏的鎮戍制度最終也走到了它的盡頭。

道

唐朝開國以後，又把郡改為州，恢復了隋朝初期的州縣制（後來在唐玄宗天寶元年（西元七四二年），又改州為郡，到肅宗乾元元年（西元七五八年），再一次將郡改回了州），不過一個新的問題又擺在了統治者面前，那就是州的數目在唐朝兼併各割據勢力，重新平定天下之後，又出現了大量的增長。這是因為在隋唐之際，群雄並起，那些率兵占據一方的地方豪傑，只要歸降唐朝，唐朝就會在他所盤踞的地方設置州縣，並給他一個州刺史的頭銜，這樣，在不長的時間裡，州的數目便自然又膨脹起來。特別是在南方（今天的廣西、湖南和四川一帶）的少數民族地區，由於當地表示願意聽命唐朝的首領很多，出現了許多新的州刺史，因此，州的分布也就變得尤為密集。唐朝的第二任皇帝太宗李世民，為了改變這種設州過多的局面，在他即位伊始，便著手開始對一些州進行省並，但是調整的情況似乎並不理想，到了十三年之後的貞觀十三年（西元六三九年），唐朝中央政府直接控制的州還是有三百五十八個之多，這個數目已經大約是漢郡數目的兩、三倍了。

其實，由於唐朝的疆域比漢朝要大，對地方的統治也比漢時要深入得多，漢唐雖然同樣實行的是兩級制，但這時唐朝州的數目已不能像漢朝時的郡一樣，降回到一百多個了。然而要讓中央政府統管這三百多個州，著實是一個不小的難題。曾經有這樣一個故事，生動地說明了這一問題。唐太宗為了做到對每個州刺史心中有數，按他們的業績好壞決定獎勵或者是懲罰，便想出了一個辦法，讓手下人把當時三百多個州刺史的大名一一寫在他每日辦公大廳內的屏風上，以便在他批閱奏章的空閒時間，對這些州刺史們有所熟悉。這雖然反映唐太宗是一個勤勉的皇帝，但從中畢竟透露出對地方大員不便管理的不少無奈。當時就有大臣從設置官吏的角度提醒當權者，在漢代要想挑選中一百多個好的郡太守已經是一件非常不容易辦到的事情了，更何況我們現在面臨的問題是要選擇三百多個州刺史。這種情況已使得中央政府不得不考慮在州縣二級制的政區之上再設立一級監察區，對各地州刺史的所作所為進行監察，隨時將地方官員的情況上報中央。設置監察區的辦法，雖說不失為一項行之有效的措施，但是唐朝初年的皇帝已從前代的經驗教訓中十分清楚地知道，監察區一旦設立，就會存在變成一級正式行政區劃的危險，到時再想撤掉，談何容易。於是需要找到一種變通的方法。唐太宗貞觀年間設立的巡察使，就是這方面的一個嘗試。

貞觀元年（西元六二七年），唐太宗下達命令，將全國分成關內（大致相當於今陝西中、北部，甘肅隴東以及內蒙古河套等地）、河南（大致相當於今河南、山東二省黃河以南，江蘇、安徽二省淮河以北的地區）、河東（大致相當於今山西全省與河北西北部內外長城之間的地區）、河北（大致相當於今河北長城以南，河南及山東二省的黃河以北的大部分地區）、山南（大致相當於今四川東部，陝西、甘肅南部，河南西南部，湖北西部的地區）、隴右（大致相當於今甘肅隴山、六盤山以西，青海省青海湖以東及新疆東部的地區）、淮南（大致相當於今安徽、江蘇二省淮水以南、長江以北的地區）、江南（大致相當於今浙江、福建、江西、湖南四省，江蘇、安徽的長江以南，湖北、四川江南的一部分及貴州東北部的地區）、劍南（大致相當於今四川中部和雲南北端）、嶺南（大致相當於今廣東、廣西二省和越南東北部的地區）等十道，派遣巡察使到各道去負責監察地方的官員。不過，當時巡察使的派出，還是一種臨時性質，並不是常制，而十道的劃分也更多地體現的是一種地理區劃，還不是真正的監察區。

睿宗景雲二年（西元七一一年），又把巡察使改為按察使，並由原來的臨時派遣改為常設官員。開元二十一年（西元七三三年），唐玄宗認為貞觀十道在劃分上還存在著許多不夠合理的地方，因此，他又作了一些調整，把地域廣闊，經濟文化都比較發達的江南道分為江南東道（今浙江、福建二省及江蘇長江以南地區）、江南西道（今江西、湖南二省，安徽南部，湖北東部長江以南地區）、黔中道（今貴州全部及其與四川、湖南、廣西接壤之地，湖北西南端）。又將山南道分成山南東道與山南西道，以四川與陝西兩省東境作為分界線。另外，分關內道長安附近諸州增設京畿道，河南道洛陽附近諸州增置都畿道。這樣，原來的十道就變成了十五道。每道設置採訪處置使（簡稱採訪使），讓他們像西漢的州刺史一樣，負責檢查道內州刺史的非法行為，不僅如此，還讓這些採訪使們兼任各道中重要之州的刺史。於是，道便成為了正式的監察區了。

監察區的設立，一方面顯示了唐玄宗在開元盛世的繁榮下對形勢的高度樂觀與充滿自信，以至於他無需再像太宗那樣，謹小慎微地去考慮監察區可能會導致的對中央集權統治不利的變化前景。另一方面，也是出於對當時監察工作的需要。沒有監察區，不僅會給監察工作帶來很多不便，而且還使得那些監察官員們疲於在京城與監察地之間往來奔走，不能發揮最佳的監察效果。但是，監察區一經確立，監察官員變為常職，也就很難避免變為行政區與行政官員了。天寶九年（西元七五〇年）唐玄宗所頒布的敕令中強調採訪使只需要負責察訪善惡，對於郡內的事務，則請郡守處理而不要干預的情況來看，其時監察官員的干政，成為地方上的行政官員的苗頭已經不小了。

府

唐朝除了在全國範圍內劃分為道之外，還確立了府制。這是地方行政區劃的一種新創舉，對後世府制的發展產生了重要的影響。按照府的形式與地位，可以分為三種類型。

第一種，京、都所在設置的府。從唐玄宗開元元年（西元七一三年）起，凡是京、都所在的地方，為了提高它們的地位，與普通的州相區別，而稱為府。最早只有京師長安所在的雍州叫京兆府、東都洛陽所在的洛州稱河南府。後來，又把北都太原所在的並州稱為太原府，西都鳳翔所在的岐州稱為鳳翔府，南京江陵所在的荊州為江陵府。還將皇帝到過的地方也升為府，如蒲州升為河中府，華州升為興德府，陝州升為興唐府，益州升為成都府，梁州升為興元府。這樣，到了唐代末期，一共出現了十個府。

府的長官稱為「牧」，由唐朝的親王掛名遙領。實際上，主持府政的是「尹」。府尹之下的官員有少尹、司錄參軍事及六曹參軍事，這些官員職掌的事務與唐朝的諸州相同，只是規格略微高一些罷了。

第二種，都督府。唐朝時主要設置在中國國內重要的地區。我們在前面提到過，都督一職起源於東漢，到曹魏時已成為常設之職，並具有了都督區的雛形，東晉以後，都督兼任州刺史，兼管軍民，都督區也趨於穩定。到了北周時，都督又改稱為總管，唐代初年沿襲了這一舊制。

唐高祖武德七年（西元六二四年），又改總管為都督，下轄數州，負責管理軍民兩政。都督辦理公務所在的州，稱為都督府，而將屬下的其他的州稱為支郡。在武德中期還規定，凡是轄有十州以上的都督府，則稱為大都督府。到了太宗貞觀二年（西元六二八年），又將大字去掉，只留下朔方一州仍稱大總管府。據史書記載，貞觀十三年（西元六三九年），除了靠近京城附近的九州，全國的所有州縣，分屬四十一個都督府。

到了景雲二年（西元七一一年），武則天又省並諸都督府，把全國境內的所有州縣，置於二十四個都督府的統轄範圍之內。都督除兼任一州的刺史外，還是所督各州的軍事長官，而且還把本應屬於按察使職權範圍內的監察刺史以下官員的工作交給了都督。但是當時有很多人對這一做法持反對意見，認為這樣一來會使得地方分權過重，不利於中央集權的統治。因此，沒過多久，二十四個都督府之制就被廢止了。

開元十七年（西元七二九年），唐玄宗又把都督按權力的大小分為上、中、下三等，此時共有都督府四十個。後來隨著節度使的出現，都督的權力便被節度使替代，都

督的名稱也就逐漸消失了。

第三種，都護府。唐時設置於沿邊要地，目的是為了加強那裡的少數民族的統治。唐朝前期，國力強大，先後滅掉了東突厥、薛延陀、西突厥和高麗，使邊疆少數民族紛紛內附。為了有效地管理這些少數民族的地區，唐朝統治者效仿漢朝設置西域都護府的先例，從太宗貞觀十四年平定高昌設置了安西都護府之後，到武則天當政時期，先後設立了安東、東夷、安北、單于、安西、昆陵、蒙池、北庭、安南等都護府。後來，隨著情況的變化，一些都護府被撤銷了，到玄宗開元、天寶年間，只剩下安東、安北、單于、安西、北庭、安南等六個都護府了。下面，我們就來介紹一下這六個都護府的具體情況。

安東都護府：這是唐朝在東北邊境設置的都護府。朝鮮半島在西元四世紀，也就是中國東晉時期，已形成了高麗、百濟、新羅三國鼎立的局面，其中高麗位於半島的北部，新羅占據了東南，而百濟則位於西南一隅。到了唐朝初年，情況依然是這樣。當時，高麗、百濟經常聯合起來，進攻新羅，新羅便轉向唐朝求救。貞觀十八年（西元六四四年），太宗派兵前去攻打高麗。到了第二年，唐軍雖然連下高麗好幾座城池，但是在安市（今遼寧海城南營城子）遇到了高麗軍隊的頑強抵抗，加上唐軍又碰上了天寒糧少的難題，於是，只得班師返回。

高宗時，繼續對朝鮮用兵。他採取了迂迴的策略方針，先令蘇定方等人率兵，從成山（今山東半島東端）渡海，攻滅百濟。唐朝在其地設置了五個都督府，讓百濟自己人來擔任都督、刺史、縣令等官職。等到在百濟站穩了腳跟，唐朝便對高麗形成了南北兩面夾擊的態勢。

乾封元年（西元六六六年），高麗國內為爭奪王位，發生內亂，高宗便乘機派李等率軍進攻高麗。總章元年（西元六六八年），唐軍攻下高麗都城平壤，高麗投降。唐朝將其地分為九個都督府，四十二個州，一百個縣，讓高麗人擔任都督、刺史和縣令，與漢官共同進行管理。然後，又在平壤設立了安東都護府，對這些都督府、州、縣進行整體統轄。當時，安東都護府的轄境非常廣闊，大約相當於今遼寧遼河以東，吉林松花江和頭道江西南，以及朝鮮北部與西部地區。但不到十年的時間，在高宗上元三年（西元六七六年），由於當地民族的反抗，安東都護府便內遷到遼東故城（今遼寧遼陽市）。第二年，又移到新城（今遼寧撫順北）。後來又遷到了平州（今河北盧龍）。

開元年間，唐朝又在族地區設置了渤海都督府與黑水都督府，在室韋族地區設立了室韋都督府，都歸安東都護府統轄。又由於高麗故地的南部被新羅占據，於是安東都護府的轄境調整為北起今黑龍江流域和鄂霍次克海，南抵渤海與西朝鮮灣，東到大海和朝

鮮北部，西部與契丹接壤。天寶元年（西元七四二年），渤海、黑水、室韋三都督府改屬平盧節度使，安東都護府的轄區又限於高麗故地，而且這時的都護一職，也改由平盧節度使兼任了。肅宗上元二年（西元七六一年），營州（今遼寧朝陽市）被契丹攻陷，平盧節度使被迫南遷，安東都護府便隨之廢除了。

安北、單于都護府：這是唐朝在北部邊境設置的都護府。唐初，東突厥連年入侵唐朝北部邊境，並曾一度打到唐都長安附近，以至於唐高祖都想遷離長安。太宗即位後，積極準備反攻。其時，正好趕上突厥連年大雪成災，諸部內亂，國力轉衰。貞觀三年（西元六二九年），太宗令李靖等人統兵十萬，分道進攻突厥。在唐朝的軍事壓力下，突厥突利可汗等率領所統的部落首先投降了唐朝。第二年，唐軍又將突厥頡利可汗擒獲，打垮了突厥。從此，從陰山到大漠，都被唐政府統一了。

東突厥失敗以後，殘部有的投奔了薛延陀，有的逃到了西域，還有十多萬人歸附了唐朝，唐朝於是在突利可汗所統故地分設了四個都督府，在頡利可汗故地設置了兩個都督府進行統轄。

貞觀中，突厥別部車鼻興起。高宗永徽元年（西元六五〇年），高侃率領唐朝軍隊生擒突厥車鼻可汗。唐政府把歸降的突厥眾人安置在郁督軍山（今蒙古杭愛山），設立狼山都督府來統管，然後，又設置了瀚海都護府，統領包括狼山在內的三個都督府和十四個州，管理突厥部眾。而在此之前的貞觀二十一年（西元六四七年），唐朝業已設立了燕然都護府，統轄因回紇等北部十一個少數民族歸附而設置的六個都督府和七個州，治所在西受降城（今內蒙古錦杭旗東北，烏加河北岸）東北四十里的故單于臺。到了永徽元年，燕然都護府統轄七個都督府和八個州。

高宗龍朔三年（西元六六三年），唐政府把燕然都護府遷到了漠北迴紇牙帳（今蒙古哈爾和林西北，鄂爾混河西岸），並改名為瀚海都護府，而將原來的瀚海都護府遷到雲中古城（今內蒙古和林格爾西北土城子），改稱為雲中都護府。這兩個都護府以大漠為界線，漠南屬雲中都護府，漠北則隸屬瀚海都護府。這樣，在今天內蒙古河套、陰山一帶，是雲中都護府的管轄區域，而從今天的貝加爾湖北部和葉尼塞河上游南抵戈壁大沙漠的俄羅斯南西伯利亞和蒙古國的廣大地區，都成為了瀚海都護府的統轄範圍。麟德元年（西元六六四年），雲中都護府改名為單于都護府。高宗總章二年（西元六六九年），瀚海都護府又更名為安北都護府。

垂拱元年（西元六八五年）以後，同羅、僕固等部族叛唐，突厥又占據了漠北，安北都護府便從漠北遷到了漠南，先是移到了居延海西的同城（今內蒙古額濟納旗東南綠

園附近），不久，又遷到了西安城（今甘肅民樂縣西北）。到了聖歷元年（西元六九八年），為了對付突厥的入侵，武則天下令將單于都護府並人安北都護府，治雲中故城。中宗景龍二年（西元七〇八年），安北都護府又移到了西受降城。玄宗開元八年（西元七二〇年），唐政府又在雲中故城復置單于大都護府，而後來安北都護府又有數次遷移，到天寶十四年（西元七五五年），遷到了天安軍（今內蒙古烏拉特前旗北，烏加河東岸），此後，又一度更名為鎮北都護府。德宗興元元年（西元七八四年），安北都護府廢。武宗會昌五年（西元八四五年），單于都護府改稱安北都護府，五代時廢。

安西、北庭都護府：唐朝在西域地區設置的都護府。唐太宗在統一了大漠南北之後，便開始著手進行統一西域的事業。當時，阻礙唐朝控制西域的勢力，主要是西突厥與漢族麴氏建立的高昌（今新疆吐魯番東）國。

貞觀十三年（西元六三九年），太宗命令交河行軍大總管、吏部尚書侯君集等人率軍征討高昌國。第二年，侯君集將高昌平定。太宗在高昌故地設立了西州（治高昌），並建安西都護府，留下一部分唐軍來鎮守，同年，西突厥葉護可汗屯兵浮圖城，因懼怕唐軍，也歸降了唐朝，太宗又以其地設置了庭州（今新疆吉木薩爾北）。貞觀二十二年，唐軍平龜茲，於是將安西都護府移到龜茲的都城（今新疆庫車），統領所設置的龜茲、疏勒、于闐、碎葉（今吉爾吉斯斯坦托克馬克附近）四鎮。後安西都護郭孝恪被殺，龜茲等四鎮失守，安西都護府又遷回了西州。

高宗顯慶二年（西元六五七年），瑤池都督、西突厥阿史那賀魯叛唐，據有西域，被唐將蘇定方平定。於是分西突厥東部地設立了昆陵都護府（轄境相當於今巴爾喀什湖以東到新疆準噶爾盆地和伊犁河流域一帶），分西突厥西部地設置了蒙池都護府（轄境相當於今俄羅斯楚河以西抵鹹海的廣大區域），又在西突厥所控制的諸國和部落地設置都督府、州，全都隸屬於安西都護府。顯慶三年，安西都護府又遷到了龜茲城，並重新設置了四鎮，但是將四鎮中的碎葉換成了焉耆。高宗龍朔元年（西元六六一年），唐朝又將于闐以西、波斯以東十六國招撫，設置都督、州、縣等，也都隸屬安西都護府。這樣，安西都護府的轄境為東起今阿爾泰山，西抵西海（今鹹海，一說裡海），包括了蔥嶺東西和阿姆河兩岸諸城國。

高宗咸亨元年（西元六七〇年），吐蕃攻陷安西四鎮，隨後，安西都護府被迫又遷到了西州城，九年之後，又移到碎葉。武周長壽元年（西元六九二年），王孝傑率領唐軍大敗吐蕃，再次將龜茲、疏勒、于闐、碎葉四鎮恢復，安西都護府又移治龜茲。此後，一直到天寶末年，天山以南的龜茲、于闐、疏勒都在唐朝的控制之下，而碎葉則由

於天山以北地區局勢的變化，突騎施的強盛，後突厥的西征而數次易手。到了玄宗開元七年（西元七一九年），碎葉最終成為了突騎施的牙帳駐地，安西四鎮又變成了龜茲、疏勒、于闐、焉耆。

武周長安二年（西元七〇二年），分安西都護府而設置了北庭都護府，治所設在庭州，統領突厥十部，突騎施、葛邏祿等部，轄境包括東今阿爾泰山，西到鹹海，北抵巴爾喀什湖和額爾濟斯河上游，南到天山。這樣安西都護府的轄境僅有天山以南、波斯以東諸城國。

天寶中，蔥嶺以西被大食占有，安西都護府的轄境又退到蔥嶺以東、天山以南的四鎮地區。肅宗至德元年（西元七五六年），安西都護府又改稱為鎮西都護府。到了代宗大曆二年（西元七六七年），又改回安西都護府的舊稱。後吐蕃占據河西、隴右，轉而進攻安西、北庭都護府。德宗貞元六年（西元七九〇年），北庭都護府所在的庭州先被吐蕃攻破，不久，安西都護府也被吐蕃攻占。這樣兩個都護府便先後不存在了。

安南都護府：唐朝在南部邊境設置的都護府。隋朝末年，蕭銑率眾起兵稱王，把東起九江、西抵三峽、南到交趾，北到漢川的廣闊範圍都納入了他的勢力範圍。唐高祖武德四年（西元六二一年），李靖等人率兵攻破江陵，蕭銑投降，交州刺史邱和也歸附了唐朝。第二年，寧越、鬱林、日南等郡也紛紛歸降，這樣，唐朝便將隋朝的交趾之地完全占據了。於是，唐高祖便在當地設置交州總管府，不久，又改為都督府。調露元年（西元六七九年），高宗改交州都督府為安南都護府，由交州刺史充當都護一職，治所設在今天越南河內的宋平。轄境大約北面包括今天雲南紅河、文山兩個自治州，東有廣西那坡、靖西、龍州、爭明、東興等縣邊境，南到今越南河靜、廣平省界，西南在今老撾北汕一帶。

肅宗至德二年（西元七五七年），安南都護府改名為鎮南都護府，代宗永泰二年（西元七六六年），又改叫安南。宣宗大中後，安南都護府的北境逐漸被南詔占據，唐朝末年，大約以今雲南與越南邊界為界。懿宗咸通元年十二月（西元八六一年），安南都護府的治所被南詔攻占，兩年後雖然恢復，但在咸通四年，府治再次讓南詔攻陷，安南都護府只好與交州寄治在海門鎮（今越南海防西北）。三年之後，安南都護府舊治又得以恢復。唐政府設置了靜海軍節度使，用節度使兼領都護之職，這種情況一直持續到唐朝滅亡。

另外，需要說明的是，上面所提到的這六個都護府，名稱雖然一樣，都以都護府相稱，但實際上性質存在著很大的不同。其中安北、單于、北庭和安南都護府的下面都統

領州縣，與內地正式統領的州縣沒有什麼區別，而安東與安西都護府，則採取軍事監護的形式，對所轄區域內的少數民族仍然用固有的習俗來治理。

節度使

唐代中期以後，為了邊境防禦周邊少數民族的需求，又出現了節度使轄區（即方鎮，也叫做藩鎮）的設置。高宗永徽年間，規定凡邊境諸州，都授予都督帶使持節，用來增加他們的權力。景雲二年（西元七一一年），睿宗任命涼州刺史都督賀拔延嗣擔任河西節度使，正式確定了節度使的制度。此後，凡是都督帶使持節者都稱為節度使，不帶者則不稱。到了玄宗開元年間，邊地已設置了八個節度使轄區，天寶年間時則增加到了十個。這十個節度使分別是：

▼**安西節度使**：又稱四鎮節度使、安西四鎮節度使，鎮撫西域，治龜茲（今新疆庫車），統轄龜茲、焉耆、于闐、疏勒四鎮。天寶時高仙芝、王正見、封常清等人曾先後擔任過這一節度使之職。

▼**北庭節度使**：防禦突騎施、堅昆，治所設在北庭都護府（治庭州，今新疆吉木薩爾北破城子），統轄瀚海軍、天山軍、伊吾軍。天寶時來曜、王正見、程千里、封常清等人為節度使。

▼**河西節度使**：斷隔吐蕃、突厥，治所設在涼州（武威郡，今甘肅武威），統轄赤水軍、大鬥軍、建康軍、寧寇軍、玉門軍、墨離軍、豆盧軍、新泉軍、張掖守捉、交城守捉、白亭守捉。天寶時王倕、皇甫唯明、王忠嗣、安思順、哥舒翰等人先後擔任這一節度使。

▼**朔方節度使**：抵禦突厥，治所設在靈州（靈武郡，今寧夏靈武西南），統轄經略軍、豐安軍、定遠軍、東受降城、中受降城、西受降城、安北都護府、單于都護府。天寶時王忠嗣、張齊丘、安思順等人先後為節度使。

▼**河東節度使**：與朔方節度使形成犄角之勢，共同防禦突厥，治所設在太原府（今山西太原西南晉源鎮），統轄天兵軍、大同軍、橫野軍、岢嵐軍、雲中守捉及忻州（定襄郡，今山西忻州）、代州（雁門郡，今山西代縣）、嵐州（樓煩郡，今山西嵐縣北）三州郡兵。天寶時田仁琬、王忠嗣、韓休琳、安祿山等人先後擔任這一節度使。

▼**范陽節度使**：臨制奚、契丹，治所設在幽州（天寶時稱范陽郡），統轄經略軍、靜塞軍、威武軍、清夷軍、橫海軍、高陽軍、唐興軍、恆陽軍、北平軍。裴寬、安祿山等人先後為天寶時的節度使。

▼**平盧節度使**：鎮撫室韋、靺鞨，治所設在營州（柳城郡，今遼寧朝陽），統轄平盧軍、盧龍軍、榆關守捉、安東都護府。天寶時的節度使是安祿山。

▼**隴右節度使**：備御吐蕃，治所設在鄯州（西平郡，治今青海樂都），統轄臨洮軍、河源軍、白水軍、安人軍、振武軍、威戎軍、莫門軍、寧塞軍、積石軍、鎮西軍、綏和守捉、合川守捉、平夷守捉。天寶十三載又在鄯、廓、洮、河四州西境增置寧邊、威勝、天成、振威（吐蕃雕窠城）、神策、金天、武寧、曜武八軍。天寶時皇甫唯明、王忠嗣、哥舒翰等人先後為節度使。

▼**劍南節度使**：抵抗吐蕃、安撫蠻僚，治所設在益州（蜀郡，今四川成都），統轄團結營、天寶軍、平戎軍、昆明軍、寧遠軍、澄川守捉、南江軍及翼州、茂州、維州、柘州、松州、當州、雅州、黎州、姚州、悉州等州郡兵。天寶時擔任節度使的是章仇兼瓊、郭虛己、鮮于仲通、楊國忠等人。

▼**嶺南節度使（又稱嶺南五府經略史）**：綏靖夷僚，治所設在廣州（南海郡，今廣東

廣州），統轄經略軍、清海軍，直轄廣管諸州，兼領桂、容、邕、安南四管諸州郡兵。天寶時裴敦復擔任五府經略使。

當時以數州為一鎮，節度使即兼統此數州。本來唐朝實行軍民分治的管理方法，節度使最初只是負責轄區內的軍事防禦，不干預民政，但是，節度使逐漸兼任按察、營田、度支等使，並將各州的州刺史置於他的統領之下，將轄區內的軍、政、財、監察大權集於一身，成為了權重位高的封疆大員。又由於邊疆聯防的需求，常使一人兼攝數鎮。安祿山就是一個很好的例子。當時唐玄宗對這位混血的胡人寵信有加，在天寶年間，雖然安祿山已是身兼范陽、平盧、河東三鎮的節度使，但是唐玄宗尤嫌不夠，又讓他兼任了河北道的採訪使，這就開創了使道與鎮合二為一的先例，使安祿山完全具備了割據一方的實力。天寶末年，安祿山正是依靠著這一有利背景發動了對唐朝構成極大威脅的武裝叛亂。又如王忠嗣，他以河西、隴右節度使的身分，兼知朔方、河東節度事，一身兼杖四節，「控制萬里，天下勁兵重鎮，皆在掌握」。這些節度使權傾邊陲，最終導致尾大不掉之勢。

藩鎮

唐玄宗天寶十四載（西元七五五年），安祿山指揮十五萬大軍，在范陽（治今北京）起兵，長驅南下，發動叛亂。安祿山死後，他的部下史思明繼續與唐對抗，數年之後，才被平定，史稱「安史之亂」。

「安史之亂」爆發後，給唐朝帶來了立國後前所未有的浩劫，詩人白居易在他的名篇〈長恨歌〉中對此作了形象的描述：「漁陽鼙鼓動地來，驚破霓裳羽衣曲。」唐朝政府為了盡快收復失地，平息這場叛亂，不得不實行戰時的緊急舉措，對那些出征有功的將軍和懷柔反正的降將，都授予了節度使的官職，這樣，本來只設在邊疆的方鎮，在內地各處也普遍設置起來，其中都督之權重持節者都稱為節度使，主兵事而不授節者稱為防禦使、經略使或是團練使。大的方鎮統領十多個州，小的方鎮轄有兩、三個州。

方鎮最初設立之時，是在邊境地區，且地位在道以下，形成的是道一鎮一州的體制，與此相對應的職官層次則是採訪使一節度使一刺史。但是，安祿山發動叛亂後，採訪使已無法再統轄方鎮，因此也就失去了存在的意義。為此，肅宗乾元元年（西元七五八年），將開元以來的十五道罷黜，改採訪使為各鎮觀察處置使。從此以後，有的以節度使兼任觀察使，有的以觀察使兼任防禦使、經略使。這樣，本來在安史之亂之前採訪使道與節度使方鎮屬於兩種不同的區劃，至此合二為一了。名為一道而又已經不僅僅是監察區域，稱作一鎮而又已經不僅僅是軍政區域。於是道（方鎮）成為了統轄州縣以上的一級政區。隋初以來的州（郡）縣二級制的行政區劃，變成了道（方鎮）一州（府）一縣三級制。據史書記載，唐末所設立的方鎮數量在四、五十個之間波動，除去首都京兆府和附近幾個州及陪都河南府之外，其餘的府州全都被方鎮占據。這些節度使們擁有重兵，他們當中的一些人相互勾結，抗命朝廷，形成割據一方的局面。他們的這些行為與古代的諸侯非常相似，因此，當時的人就把方鎮又叫做藩鎮。這就是歷史上所說的「藩鎮割據」。

路制

行武出身的宋太祖趙匡胤建立宋朝以後，深知部下握有重兵所潛在的危險，因此他在進行統一天下的同時，也著重思考這樣一個問題，即如何加強中央集權的專制統治，削弱地方權力，將一切權力收歸中央政府，以使唐朝末年以來長期存在的藩鎮割據局面

不再重演，從而避免宋朝成為五代之後的又一個短命王朝。

建隆元年（西元九六〇年）末的一天，宋太祖向大臣趙普詢問道：「從唐末以來，在短短的幾年間，帝王換了八姓十二君，爭戰無休無止，老百姓深受其苦。我想要從此息滅天下的爭戰，制定一個建立國家長治久安的策略，你有什麼好的辦法嗎？」趙普精通治道，對這些問題也早有所考慮，聽了太祖的發問，他便說這個問題的癥結，就在於方鎮太重，君弱臣強，治理的辦法沒有奇巧可施，只要削奪其權，制其錢谷，收其精兵，天下自然就安定了。趙普的話還沒說完，宋太祖就連聲說：「你不用再說了，我已經全明白了。」於是一個重建中央集權專制制度的計劃就這樣醞釀出來，並逐步付諸實施了。

宋太祖先是上演了一出「杯酒釋兵權」的鬧劇，在建隆二年七月的一天，他利用召集石守信、高懷德等禁軍高級將領喝酒之際，話中有話，讓石守信等宿將意識到自己手中握有兵權可能招來殺身之禍，不得不被迫稱病，從而不費吹灰之力便將這些人的兵權徹底解除。

其次，是對地方藩鎮採取強幹弱枝的方法。唐朝最終由於藩鎮割據而滅亡，並禍延五代十國，造成長期分裂的局面。這活生生的事實，使宋太祖強烈地意識到道一州一縣三級制的行政區劃對於中央集權的政府來說是絕對不可取的，必須採取一種新的有效的方法來改變這種局面。

宋太祖趙匡胤為了削弱節度使的權力，首先是把節度使駐地以外兼領的州——當時借用西漢初年諸侯王國屬郡的名稱而叫做支郡（如山南東道節度使就統轄襄、均、房、復等四州，節度使駐在襄州，其餘三州就稱為「支郡」）收歸京師，由中央政府直接統轄，同時由中央派遣文官出任地方官——知州，負責管理各州事務，但是仍然保留了原來各州的州刺史。知州的全名是權知軍州事，意思就是暫時負責該州的軍民事務，其實這一職務是一個固定的官職，只不過當時為了讓那些節度使們易於接受而在名稱上做了點花樣，等到後來州刺史被廢掉，這一名稱中的「權」字也就省去了。知州每三年更換一次，直接對中央負責，向朝廷奏事，不再聽命於地方上的節度使。至於縣一級政區的官員的情況也與州類似，中央政府派遣中央官員擔任知縣而用來代替原來的縣令。對於一些五代以來一直割據一方的節度使，宋太祖又重演故伎，施展「杯酒釋兵權」的手段，將他們逐一罷免。後來，為了防止知州在地方上的權力過大，又設置通判作為知州的副手，讓他們彼此相互牽制，以便造成分知州權力的目的。

宋太祖把各地節度使所統領的各州收歸中央後，本想由中央政府直接來控制州與縣，實行行政區劃的二級制，但是他很快就發現，在疆域如此廣闊的國家中，想要推行

純粹的二級制幾乎已成為一種夢想，特別是在州這種統領縣的一級政區數目很多的情況下，不在二級制之上設立監察區，中央政府想要進行有效的運作，是根本辦不到的。然而一旦設置監察區，又很難避免不發展成為三級制政區，從而削弱中央集權的統治，導致分裂局面的再度發生。

後來，宋太祖從唐代轉運使的設置中得到啟發。唐朝的轉運使在最初設立時，叫做水陸發運使，負責管理洛陽與長安之間的糧食運輸，之後，又設立過江淮轉運使，掌管江淮各道與全國各地的糧食、財賦的轉運，唐代宗以後，又常與鹽鐵使並為一職，稱作鹽鐵轉運使。這是一種純粹的臨時性的理財差遣。在乾德年間（西元九六三年至九六八年），宋太祖把唐朝這一制度稍加改造，把這個臨時性的差遣變成了固定的官職，讓轉運使負責徵收和轉運地方上的水陸兩路財賦。由於要轉輸，就需要與交通路線發生連繫，所以宋代統治者又按照全國的地理形勢重新劃分，讓這些轉運使分路進行管理，轉運使的全稱是「某路諸州水陸計度轉運使」，但地方上的實權仍握在州的長官手裡。路在當時與宋朝承繼唐朝而實行的十三道並存。隨著時間的推移，到了宋太宗太平興國二年（西元九七七年），下詔把十八個節度使所領的諸州全部收歸中央，徹底廢除了支郡制度，使轉運使的權力逐漸擴大，進而發展到了地方上的一切行政管理事務全都交到了他的手中，成為州之上的地方行政長官。道相應變得有職而無權，到了宋太宗淳化五年（西元九九四年），道便被廢掉了。這樣，宋朝在州之上，便形成了新的一級行政區劃——路。

因為轉運使擁有地方軍、民、財、刑大權，並轄有幅員廣闊的區域——路，這無疑便構成了一種潛在的割據力量。宋朝統治者不願意把一路的大權長期集中在轉運使手中，為了分奪轉運使的權力，景德四年（西元一〇〇七年），真宗正式設立提點刑獄司，長官叫做「提點某路刑獄公事」，簡稱提點刑獄或者是提刑，負責掌管一路的司法、刑獄和監察，另外還有薦舉官員的權力。

除去轉運使司和提點刑獄司之外，在宋朝的一些路一級的行政區劃中，還設有提舉常平司和安撫使司，前者負責儲備糧食平抑物價，後者掌管一路的兵民之事。除安撫使司（簡稱為帥司）之外，轉運使司、提點刑獄司、提舉常平司通稱為諸監司，又分別簡稱為漕、憲、倉三司。這種將一路之中的軍、民、財、刑權分散於上述四司，使路不能成為單一的一級政府機構的做法，是宋朝統治者的首創，在此之前的各個朝代，僅是在每一級的行政區劃中，設立一個單一的地方政府與一名單一的行政長官。

在地域上，這些監司的管轄區域雖然都叫做路，但是各監司的路並不完全一致，而

是互有交叉，在轉運使司看來是一路的，在提點刑獄司卻可以是兩路，在安撫使司則又可以是四路，甚至是六路。我們看了下面的一個實例，就會對這種情況有較為清楚的了解。當時在西北地區，從轉運使司來說設立了陝西一路，但是從提點刑獄司來說，則設置了永興軍路與秦鳳路兩路，再以安撫使司來看，則又分成為永興軍路、延路、環慶路、秦鳳路、涇原路及河熙路等六路。另外，即使有兩司路在所轄領域上完全吻合，其治所也會有意地被人為安排在兩個不同的地方，從而讓他們形成各自獨立的權力管轄範圍。

宋朝中央政府就是利用以上這些辦法讓各監司彼此之間相互牽制與制約的，加之讓路之下的各州依然保持直接向中央奏事的權力，這樣就使路不能成為嚴格意義上的州之上的一級政區，從而收到有效控制地方、加強中央集權的效果。

總體來說，雖然從權力分配的角度來看，宋代實行的是二級半或者是虛三級，但如果從行政區劃的角度來說，宋代實行的是路——州——縣三級制。

北宋地方行政制度所實施的這些與前代不同的變革，一方面可使地方路一級組織不能形成單一的權力機關，從而不會產生割據一方的地理基礎。另一方面，宋代路、州、縣各級行政區劃的官員都由中央朝官擔任，可以避免出現地方分權的人事基礎。

由於這兩方面的原因，使宋朝中央集權高度強化，地方分權則大為削弱。這種做法被稱作強幹弱枝，又叫內重外輕（朝廷是干、內，而地方為枝、外）。但是這樣做的一個嚴重後果就是，地方上的對外防禦與對內治安能力都不得不大打折扣。因此，宋朝雖然可以使自己的政權免於亡於農民起義和藩鎮割據的危險，但是卻無法逃脫亡於外敵入侵的噩運。後來北宋亡於金人，南宋又亡於蒙古就充分地說明了這一點。

行省制度

與前面的朝代相比，元代在地方上的最高一級行政區劃有所不同，採用的是中書省、行中書省統轄制度。元代的這一制度是從金朝那裡承襲而來的。如果我們探究行省的起源，可以一直追溯到魏晉南北朝時期。中國古代王宮禁地稱「省」，即省中。魏晉時期，在中央設中書、尚書、門下三省，協助皇帝處理日常政務，省開始成為官署名稱。如果遇到地方上有事情，中央政府便會派某些官員前去處理，組成行臺省。我們在前文中已經提到過，在三國時期，司馬昭討伐諸葛誕，開始設立行臺自隨。但這時的行臺只是臨時的中央行動機構，事情辦完之後便被撤銷。也正是由於這種緣故，行臺省在這時還沒有一定的轄區。

到了北魏、北齊時期，因為當時州郡的設立過多，中央政府統治起來十分不便。為了改變這種情況，加強對地方的控制，便設置行臺省，統轄一定數量的州，這樣行臺的轄區也就形成了，實際上成為了州、郡、縣以上的一級行政區劃。從隋朝到唐初，一直存在著行臺制度，到了唐太宗貞觀年間，行臺才被相繼裁撤。

金朝時期，行臺制度得到了廣泛的運用。本來金朝占據了北宋的疆土之後，繼承了宋朝分路的體制，只不過是將路的區域劃得更小了一些。但是由於金朝初期都城設在會寧，距離中原地區過於遙遠，對這一區域控制十分不便，於是在天會十五年（西元一一三七年），金熙宗完顏亶廢掉劉豫齊國政權後，便在齊國故地開封設立了行臺尚書省。後來為了應付南宋與西夏的軍事行動，也曾暫時設置過不少行臺尚書省。到了金代後期，特別是蒙金戰爭爆發後，金朝軍隊接連失敗，路的長官已無法應付一方的事務，為了處理地方的軍政，金中央政府便派宰臣到各路「行尚書省事」，開府置府，統領一路或數路的區域，這些機構當時叫做「行尚書省」，簡稱「行省」。這些行省在當時仍然還是尚書省的派出機構，代表尚書省行使權力，帶有臨時性質，事情處理完畢後便被撤銷掉。

蒙元在征服中原的過程中，沿用了金朝這一作為戰時的一種臨時措施。元世祖忽必烈以中書省總理全國政務，以行中書省（有時是行尚書省）作為管轄新徵服地區的行政機構，久而久之，這個機構所管理的地域範圍也便與行中書省的名稱相稱，簡稱行省或省。同時，作為中央政權機構的中書省本身也直轄包括首都在內的一大片地區。

元代的中書省又稱都省，號為腹里。設有右、左丞相各一名（蒙古尚右），名義上的最高長官中書令空缺，而以丞相作為實際長官。另設有平章政事，是丞相的副手。左司、右司為中書省的辦事機構，每司各設有郎中、員外郎、都事等官。

地方最高行政區劃行中書省的全稱是××等處行中書省，簡稱××行省，或只稱××省。各行省設置的官員一般有平章政事二員，總攬一省軍事、民政、財政等三方面的大權。另有右丞、左丞各一員，參知政事二員（甘肅、嶺北二行省各減一員），個別地大事繁多的行省，有時還設丞相一職。左司、右司合併為一，也設有郎中、員外郎、都事等官職，但是品秩都比中書省相同名稱的官員低一等。

另外，為了防止地方割據的情況發生，元朝還立了御史臺，在各行省設置二十二個肅政廉訪司，用來監督各省內的官民，檢舉他們的犯罪行為，掌管司法工作。

元朝創設的行省制度，是自秦漢以來中央集權制度的一個重大發展，也是中國歷史上地方行政區劃的一次重大改革。這一制度的確立，不僅加強了元朝的中央集權統治，

鞏固了多民族國家的統一，而且對明、清以及後來地方行政區劃產生了很大的影響。元代以後，「行省」這個名稱一直沿用下來。明代雖然改行省為布政司，但在當時的口語中仍如此稱呼。

司

我們在前面已經說過，元朝在地方上最高行政區劃是行省，在行省之下又有路、府州、縣等級別的區劃，但由於元朝的行省大多轄區較廣，中央政府時常感到鞭長莫及，因此，為了加強管理，便在離行省中心較遠的地區，又分道設立宣慰司，負責協調臨近路、府的軍民事務。元朝一共有山東東西道（治益都路）、荊湖北道（治中興路）、湖南道（治天臨路）、海北海南道（治雷州路）、河東山西道（治大同路）、四川南道（治重慶路）、廣東道（治廣州路）、福建道（治福州路）、淮東道（治揚州路）、浙東道（治慶元路）、廣西兩江道（治靜江路）等十一個宣慰使司道。宣慰使司道向上承接省的政令，向下傳達到各縣，然後又將各縣的一些請求向上傳遞到省，承上啟下，兼有行省派出機構和介乎省、路之間一級行政機構的職能，因此，宣慰使司道也被當作省之下的一級準政區。

在邊疆地區的少數民族聚居區還設有宣慰司。如在雲南行省，就設有羅羅斯（治建昌路）、烏撒烏蒙（治烏撒路）、曲靖（治曲靖路）、臨安廣西元江（治建水州）、銀沙羅甸（治銀沙羅甸）、大理金齒（治永昌府）及八百（治八百）七個宣慰司；在湖廣行省，也設有八番順元（治貴州）宣慰司。從這些宣慰司所統轄的路數與管轄範圍的規模來說，都比不上上面我們所提到的那十一個宣慰司道。再有，由於這些宣慰司主要用來協調軍事方面的事宜，因此，又常被稱為宣慰使司都元帥府。雖然名稱有些變化，但是其長官仍叫宣慰使，並不授予元帥的頭銜。

另外，在少數民族居住區，還設置有宣撫司、安撫司等，由宣慰司統領。比如湖廣行省就設立了順元、播州、思州宣撫司，慶遠南丹、乾寧安撫司；雲南行省也設立了麗江路、威楚開南、廣南西路宣撫司；四川行省也有敘南宣撫司與永順安撫司等。

由於上述這些設在少數民族地區的宣慰司及宣撫司與安撫司等官員的正職都設達魯花赤，而副職則由當地土人擔任，因此，又被稱為「土司」。興起於元朝的土司制度，是中央政府在少數民族居住區所實行的一種特殊政策，它不同於自秦漢以來在少數民族地區所實施的羈縻政策，即中央政府不在少數民族地區設立正式的行政區劃，而是讓當

地的部族首領自行治理。元朝土司職位是世襲的，但在承襲時要得到元朝中央政府的批准，不然就要興師問罪。史書上就記載了這樣一件事。在至元十七年（西元一二八〇年），土官亦奚不薛生病後沒向皇帝稟告便自行將他的官職轉給了他的從子，元世祖得知後，非常生氣，斥之為「無人臣禮」，發兵討伐。亦奚不薛見此情況，只得親自出面，向世祖賠罪，元軍才撤回都城。這說明了元朝中央政府對土司的控制還是有一定威懾力的。總之，土司制度與羈縻政策相比較，治理的方式顯然進了一步，已經將間接統治變成了直接統治，雖然這種管理與漢族地區設置的正式行政區劃還有一定的差距。

九邊

九邊是明朝北部邊塞的九個軍事重鎮。明朝建立後，逃亡北方邊塞以外的北元仍不時騷擾，嚴重威脅著明朝的統治。明太祖朱元璋為鞏固北部邊防，屢次派將北征，同時，還分封他的兒子朱棣、朱權等人率重兵駐守北部邊塞。明成祖朱棣在位時，也先後五次出兵漠北，又於沿邊設鎮，派兵駐守。

明朝最初在北邊邊疆上設有四個鎮：遼東（初治位於今遼寧北鎮的廣寧，後移治遼陽）、宣府（治宣府衛，今河北宣化）、大同（治山西大同）、延綏（初治位於今陝西綏德的綏德州，後移治位於今陝西榆林的榆林衛）四鎮。之後，增設寧夏（治寧夏衛，今寧夏銀川）、甘肅（治甘州衛，今甘肅張掖）、薊州（治三屯營，今河北遷西西北）三鎮，又設山西（又稱太原鎮，初治山西偏關，又移治寧武）、固原（治固原州，今寧夏固原）兩鎮，這樣前後加起來，一共是九個鎮，稱為「九邊」。從地理位置上來看，九邊分布在東起鴨綠江、西到嘉峪關的長城沿線上。另外，在九邊之中又有所謂的「三邊」，即指延綏、甘肅、寧夏三鎮，明朝還設置了「三邊總制」，其衙門駐地則設在了固原。

在明朝的九邊各鎮中，各設有一名鎮守總兵官，簡稱總兵，其下屬有副總兵官、參將、游擊將軍、守備、千總、把總等官。其總鎮一方者為鎮守，獨鎮一路者為分守，分守一城一堡者為守備，與主將同守一城者為協守。此外，又有提督、提調、巡視、備御等官。各鎮所統轄的衛所都駐有重兵。據史書記載，萬曆中期，各邊光主兵就有六十萬左右，除此之外，還有為數甚多的客兵。如薊州鎮，隆慶時期主兵原額為三萬人，到了萬曆初年，連客兵在內一共有一百六十五人左右。

各邊為進行備戰與士兵給養所需的軍餉，起初多仰給於屯田，正統年間之後，逐漸由京師太倉供應。各邊軍餉供給的額數，弘治（西元一四八八年至一五〇五年）、正德（西元一五〇六年至一五二一年）年間時，每年大約四十三萬兩；嘉靖（西元一五二二年至一五六六年）年間的最高額，每年為兩百七十多萬兩；萬曆（西元一五七三年至一六二〇年）時期，每年則多達三百八十多萬兩，與明朝每年田賦收入的總數大體相當，成為明朝財政日益拮据的重要原因。

九邊的設置，使明朝北部邊塞形成一條東起鴨綠江，西抵嘉峪關，廣袤萬里、烽堠相望、衛所互聯的北方防線，對加強北部邊防產生了一定的作用，但也耗費了大量的人力物力。明朝為此加餉加稅，尤其在明中葉以後，使人民負擔沉重；而各級軍官的殘酷盤剝，又使餉銀短缺，軍士往往因無法生活而發動兵變。

改土歸流

清朝初年，清軍在平定西南地區的過程中，由於盤踞在各地的土司並沒有對他們構成威脅，於是清政府經過仔細考慮後，決定保留明朝的狀況，讓這些土司暫時存在下去。不僅如此，對新歸附的民族首領，也讓他們擔任新的土官，增設了不少土司。但是對這些土司所潛在的割據性，清政府並沒有掉以輕心。特別是到了全國統一之後，土司統治地區所暴露出來的問題日益嚴重，有些大的土司轄地幾百里，擁兵數千過萬，驕橫不法。如何使土司儘快走到改土歸流的軌道上來，以符合統一國家的要求，便成了清政府需要解決的一個問題。到了康雍乾時期，清朝國力強盛，加上雍正皇帝又是一位銳意進取的君主，因此大規模改土歸流的工作便率先從西南地區推行開來。

雍正四年（西元一七二六年），雲貴總督鄂爾泰幾次上疏雍正皇帝，力陳廢除土司制度、實行改土歸流的必要性，要求下令立即推行。他的建議同時還包括了一些如何在改土歸流中具體運用的方法。雍正皇帝採納了鄂爾泰的建議，讓他負責辦理改土歸流的事宜。

於是在同年的五月，鄂爾泰率領軍隊首先平定了貴州長寨土司的叛亂，設立長寨廳（今貴州長順），拉開了雍正年間改土歸流的序幕。不久，鄂爾泰又派哈元生領兵打垮了製造叛亂的四川烏蒙土知府祿萬鐘與鎮雄土知府隴慶侯的勢力，分別改設為烏蒙府（今雲南昭通）與鎮雄州，改屬雲南管轄，派流官（清朝官員）上任進行治理。雲南與貴州兩省改土歸流的巨大聲勢很快波及到了廣西，為了使雲貴、廣西的改土歸流事務

便於統一籌劃，雍正皇帝又特意在雍正六年任命鄂爾泰為雲、貴、廣西三省總督，並在同年命令貴州按察使張廣泗在貴州東南部地區推行改土歸流政策。張廣泗於是帶領軍隊深入到苗、侗等族居住的一些村寨，設置了廳，由同知來負責處理當地的民事。廣西是壯族聚居區，在當時的一百多位土官中，泗城土知府岑映宸最為霸道，為所欲為，清政府於是用強制的手段讓岑映宸交出了敕印，把他遷往浙江進行安置。思明州的土知府黃觀珠，由於無力控制轄區內各寨的頭人，便主動向清政府請求將洞郎等五十寨改為流官管理。柳州、思恩、慶遠等地的土官也迫於土民要求改土歸流的壓力，向清政府交出了武器。這樣，廣西境內的大部分土司也都完成了改土歸流。在形勢壓力下，與雲南、貴州、廣西接壤的湖南、湖北、四川等省的土司，也紛紛請求交出世襲領地與土司印信，歸政中央政府。到雍正九年，西南地區的土官大部分被改置為中央政府的流官，改土歸流的任務基本完成。清朝政府在這些地區設置府縣的同時，又增設了軍事機構，並且清查戶口，丈量土地，徵收軾稅。

然而，在改土歸流之後，仍然有一部分原來的上層土司不甘心自己職權的喪失，夢想有朝一日仍能恢復土司制度。於是當他們看到一些清軍在新設府縣的地區軍紀不嚴，對當地的百姓任意搶掠，而有的新赴任的流官在治理方面又缺乏經驗，不善管理，甚至有的官員利用職權進行貪贓勒索時，便以為復辟的時機已到，開始製造叛亂。於是在雍正十三年的春天，居住在貴州古州、臺拱地區的苗民上層人士煽動當地的老百姓發動叛亂。雍正皇帝雖然派軍隊前去鎮壓，但卻沒有能夠平息。一直到乾隆元年（西元一七三六年）乾隆皇帝即位後，任命張廣泗為七省經略，才最終將這場叛亂平定。清政府從中吸取了教訓，為了鞏固已經改土歸流地區的統治，下令取消新區的賦稅，按照當地的習俗審理民事訴訟，取得了較好的效果。

雍正年間的改土歸流雖然只是在西南少數民族的部分地區實行，但畢竟加強了中央政府對邊疆的統治，減輕了當地少數民族人民的負擔與災難，順應了時代發展的要求，在一定程度上發揮了有利於邊境少數民族地區社會經濟發展的正面作用。

稅役制度

力役

為什麼中國古代人們要納稅應役？為什麼那時民間把納稅應役稱為納「王賦」、應「王役」（如唐代）或「納皇糧」、「應皇差」（如明清時期）？要回答這些問題，就牽涉到賦稅和力役的起源問題。

直觀來看，古代的納稅應役是人們向官府提供物力和勞力。實質上，這是國家對社會剩餘產品或剩餘勞動的特殊分配形式。納稅應役的產生必須具備兩個前提，一是社會剩餘產品的出現，二是國家的產生。也就是說，賦稅力役不可能是和人類社會與生俱來的，而是人類原始社會之後的產物。以貝易物的模擬場景在漫長的原始社會的母系社會和父系社會時期，由於生產力極其低下，物質極端匱乏，人們只能共同勞動，平均分配。當時既沒有剩餘產品，也沒有階級，更沒有國家，所以也就不具備徵調賦稅力役的可能和必要。

到原始社會末期的農村公社階段，人類已經艱難地跋涉到文明社會的門檻之前。農村公社具有公有和私有兩重性。當時一夫一妻制的個體家庭已經逐漸成為社會基層組織單位，在公有制的軀殼內，私有財產開始出現，階級分化初見萌芽，公共權力也初步形成。這時，為了維持公共權力機關的活動，滿足公共事務的需求，已經出現了賦稅力役的雛形。不過當時的「賦稅」表現為力役形式，即共同耕種公有地。這從中國民族學資料中可以獲得印證。例如，雲南省西盟佤族的某些村寨在一九四九年之前仍生活在農村公社中，為了應付村寨公共事務（如祭祀、防禦入侵等）開支，他們除了由各個家庭自由獻納以外，主要的和穩定的經濟來源是依靠共耕所得，即開一片荒地，由各戶出勞力義務耕種，收穫歸村寨公有。從雲南勐海縣布朗山的布朗族的農村公社發展史來看，隨著村寨中貧富分化的加劇，富有者漸漸控制了行政管理權力，並逐漸把自由獻納變為按戶規定固定數額的攤派形式。這也是賦稅的一種雛形。國家誕生之後，為了養活大批的軍隊、官吏以及滿足從事公共工程（如興修水利、修築城堡和道路等）的需要，就必須籌集經常性的經費，因此具有強制性、無償性、固定性三個基本特徵的賦稅力役也隨之產生了。換句話說，徵調賦稅力役是具有強制性的政府行為，納稅應役是公民對國家必須承擔的義務。

大約存在於西元前二十一世紀到西元前十七世紀的夏朝，是中國歷史上的第一個國家政權。《尚書．禹貢》開宗明義地說：「禹別九州，隨山浚川，任土作貢。」就是說大禹在治水之後，把天下劃分為九個州，根據各州地力和產品的不同，規定了不同的貢

賦物品。大禹治水成功之後，繼承了部落聯盟首領的職位，被先秦人尊為夏朝的建立者。司馬遷在《史記．夏本紀》也寫道：「自虞、夏時，貢賦備矣。」意思是說在夏朝前後才開始有比較完備的貢賦制度。這兩種說法都把中國古代賦稅力役制度的起源追溯到夏朝的創立者禹，基本符合中國歷史上國家和賦稅力役起源的客觀事實。

在中國古代，國王或者皇帝是國家的人格化象徵，唐人把所納的稅稱為「王賦」、應承的力役稱為「王役」，明清時期民間把納稅應役稱為「納皇糧」、「應皇差」，其實都是把納稅應役和國家連繫在一起的通俗說法。

地稅

「稅」字的出現較晚，迄今在殷墟甲骨文和商周金文中還沒有發現。最早的稅字見於《春秋》魯宣公十五年的「初稅畝」，即按畝徵收實物稅。也就是說，這裡的「稅」是以田地為徵收對象的一種稅項，後人稱之為地稅或田賦。

不過，中國自古以農立國，儘管「稅」字晚出，以土地為徵稅對象的稅項實際上自夏朝以來就出現，只不過它一開始是與井田制連繫在一起的力役形式而已。

一般認為夏、商（約前十七世紀至前十一世紀）、西周（約西元前一〇二七年至前七七一年）是中國歷史上奴隸制時期，當時的土地制度是井田制。所謂井田，就是像「井」字形的方塊田。在農村公社時期，土地屬於公有，公社成員平均地從公社分得一定數量的土地耕種，過了一年或兩、三年又重新分配一次。為了便於分配，就必須把土地劃分成一個個的等分；同時，出於耕種的需要，在田與田之間要開溝灌溉和辟路行走，這種溝或路也就是田界。如果貨泉取其中一部分來看，這些田地的界劃就像漢字中的「井」字形一樣，所以被叫做井田。孟子曾對井田制作過理想化的描述，說：「方里而井，井九百畝，其中為公田。八家皆私百畝，同養公田；公事畢，然後敢治私事。」意思是說，在一里見方的土地上，以九個百畝為一井，其中一百畝為公田，周圍的八百畝為勞動者的私田；勞動者必須共耕「公田」，而且必須首先做完「公田」上的農活，才能到自己的「私田」上耕耘。

當然，「井田」只是一種形象的說法，實際上它的土地分配形狀不可能像孟子說的那麼方整劃一。不過，孟子所指出的「公田」與「私田」之分，確實是井田制的一個帶有本質性的特徵，由此便相應地產生了井田制下的特定的賦稅力役形式，孟子稱之為「助」。助又稱藉。趙岐在《孟子注》說：「藉，借也，借民力而耕公田之謂也。」這

與孔子所謂「藉田以力」、漢代儒生鄭玄所謂「公田藉而不稅」，說的都是同一件事，指的是強制奴隸或者農奴到公田上勞動。因此，井田制又被稱為藉田制。「同養《錢神論》公田」就是最早出現的土地稅形式，國家從公田上所得的農產品就是稅物。也就是說，勞動者在公田上應役也就是納稅。所以，漢人許慎在《說文》中將「藉」字徑釋為「稅」，是有道理的。

在以木、石為生產工具的奴隸社會初期，由於勞動效率極為低下，勞動者在「同養公田」時，有時依靠大規模的集體耕作才能完成勞動任務。《詩經》中有「千耦其耘」、「十千維耦」的描寫。耦即二人一組協作勞動。可見在公田上的集體勞動場面有的時候相當可觀。

隨著生產力的緩慢發展，以一夫一婦的個體勞動家庭為納稅應役單位逐漸成為可能。從目前的文獻看來，西周的主要生產者被稱為「庶人」、「民」，他們就是奴隸。他們是如何「同養公田」及服徭役的呢？從《詩經．豳風．七月》的描寫中可略見一斑。詩中說道：三之日於耜，（正月時修理農具）四之日舉趾；（二月時開始耕地）跟我婦子，（帶上婦人小孩）饁彼南畝。（把飯送到田間）這說的是他們必須自帶小農具和飯去公田耕作。

詩中還提到這些「農夫」除了在公田勞動之外，還要服各種徭役。

▼上入執宮，（還要進城修理公家的住宅）

▼晝爾於茅，（白天割茅草）

▼宵爾索綯，（夜晚搓繩索）

▼亟其乘屋。（趕快登屋修繕）

他們以及妻子女兒還要為奴隸主準備各種衣料，如：

▼八月載績，（八月開始績麻織布）

▼載玄載黃，（把它們染成黑紅色和黃色）

▼我朱孔揚，（那染成朱紅色的特別鮮明光亮）

▼為公子裳。（給貴族子弟做衣裳）

▼一之日於貉，（十一月裡去捕貍貉）

▼取彼狐狸，（把那貍貉皮剝下來）

▼為公子裘。（給貴族子弟做皮衣）

自西周末年以來，由於逐漸推廣鐵農具和犁耕，個體生產力有了顯著的提高，「同

養公田」、「公事畢，然後敢治私事」的農業稅形式日益成為生產力發展的桎梏，出現了「民不肯盡力於公田」的現象。結果，放眼望去，公田到處雜草叢生，「維莠驕驕」、「維莠桀桀」，生產效益明顯下降。這大大減少了奴隸制王國的財政收人，也嚴重損害了各級貴族的經濟利益。奴隸主們不得不放棄「借民力以治公田」的剝削方式，另尋途徑，國家對農業稅的徵收方式也在改變，周宣王即位後「不藉千畝」（不舉行藉田儀式）就是一個明顯的轉變信號。

春秋時期（西元前七七〇年至西元前四七六年），以鐵器和牛耕為標誌的生產力的進一步發展，導致封建生產關係的產生。隨著公田向私有轉化和私田的大量出現，國家徵收賦稅的方法必然要發生變革。魯國在宣公十五年（西元前五九四年）的「初稅畝」，象徵著中國古代土地稅制即後世習稱的「田賦」的確立。隨後，各國陸續也實行稅畝制。稅畝制的推廣反映了中國古代社會從奴隸制向封建制過渡的深刻變化。

到戰國時期（西元前四七五年至前二二一年），以個體小農經濟為基礎的封建制度先後在各國確立。當時，個體小農家庭廣泛存在。這從當時政治家所關注的焦點問題可以得到反映。例如孟子在勸說齊宣王施行仁政時，就要宣王以扶植個體小農經濟為根本措施，並且對小農家庭的農副業生產規模與溫飽的關係作了描述，說：「五畝之宅，樹之以桑，五十者可以衣帛矣。雞豚狗彘之畜，無失其時，七十者可以食肉矣。百畝之田，勿奪其時，數口之家可以無飢矣。」（《孟子．梁惠公章句上》）意思是說：每家給五畝土地的住宅，四圍種植著桑樹，那麼，五十歲以上的人都可以有絲綿襖穿了。雞狗與豬這類家畜，不失其時地去飼養、繁殖，那麼，七十歲以上的人就都有肉可吃了。一家給他一百畝田地，並且不妨礙他的生產，數口人的家庭都可以吃得飽飽的了。又如魏國在文侯當政時任用李悝進行變法，李悝為了宣傳他的改革主張，為個體小農的農田收入以及納稅、衣食等各項開支算了一筆帳，指出：

今一夫挾五口，治田百畝，歲收畝一石半，為粟百五十石，除十一之稅十五石，餘百三十五石。食，人月一石半，五人終歲為粟九十石，餘有四十五石。石三十，為錢千三百五十，除社閭嘗新春秋之祠，用錢三百，餘千五十。衣，人率用錢三百五人終歲用千五百，不足四百五十。不幸疾病、死喪之費，及上賦斂，又未與此。此農夫所以常困，有不勸耕之心。（《漢書．食貨志上》）可見當時個體小農家庭單單靠糧食收入一般是人不敷出的。因此李悝建議採取措施保護和發展自耕農經濟。

總之，擁有小塊土地的自耕農的廣泛出現，是春秋戰國以來以私人占有土地為徵稅對象、按畝計徵實物的土地稅得以確立並長期延續下去的根本原因。

軍賦

「賦」字從貝從武，從文學來看，這種造字方式表明它的本義既與財物有關，又與軍事有關。但是根據歷史事實分析，賦的這種寓義是後起的。「賦」字始見於西周後期金文《毛公鼎》的「藝小大楚賦」，但涵義不得其詳。先秦人的著作中有不少提到「賦」，的地方，但是當時人用語不純，難以為據。近代學者一般認為，「賦」具有徵收軍需物資的意義，應該是西周後期才出現的，而且它的徵收也是以井田制為基礎的。因為，西周的軍制也是建立在分封制和井田制的基礎之上，戰時實行邦國出兵之制，加上戰爭以車戰為主，而國家又壟斷著手工業和商業，因此無須也不可能向採取「男耕女織」分工方式的直接生產者徵調車馬兵甲之類的軍需品。在西周的周宣王廢止藉田制度以前，公社農民是只服兵役，而不繳納車馬兵甲等軍需費用的。到戰時，人民才要繳納一定數量的糧食和飼草。

至春秋戰國時期，隨著土地制度的演變，各國在改革稅制的同時，以徵調軍需品為內容的「賦」制變革也先後出現了。其變革趨勢是賦的計徵單位逐漸變小，並且與田地的收穫狀況結合起來。這一變革始於魯國成公元年（西元前五九〇年）的「作丘甲」。

「作丘甲」的具體內容是什麼？史無明言。若按晉人杜預的註釋，是按「丘」交納軍需品的意思，即：「九夫為井，四井為邑，四邑為丘。丘十六井，出戎馬一匹、牛三頭。」後來鄭國的「作丘賦」（西元前五三八）當與此類似。到了西元前五四八年，楚國進行「書土田」與「量人修賦」的變革，從《左傳》襄公二十五年的記載來看，這次軍賦改革的內容比較清楚。當時新任司馬之職的掩奉令尹屈建之令，進行賦制改革。他首先對境內各種土地如山林、沼澤、丘陵、磽瘠地、水邊、低地、堤內平原、水中洲地、大平原等一一加以區分，這叫「書土田」；而後計算其不同的收入，相應確定不同的賦額，這叫做「量入修賦」。所定的賦額包括車馬、兵甲的品種與數量。而西元前四九三年魯國的「用田賦」，則象徵著軍賦也像田稅一樣按畝徵收了。這樣，為滿足軍費需求而徵收的「賦」終於形成一個有別於「稅」的獨立稅種。

《漢書．刑法志》說：「有稅有賦，稅以足食，賦以足兵。」指出徵「稅」是為了滿足國家財政在糧食方面的需求，徵「賦」則是為了滿足軍費的需求。對此，《漢書．食貨志》說得更明白，指出：「賦共（供）車馬甲兵徒之役，充實府庫賜予之用。稅給郊社宗廟百神之祀、天子奉養、百官祿食庶事之費也。」從用途方面區分了稅與賦的不同之處。稅、賦的這種區分開始於春秋時期。

為了滿足支出的實際需求，賦的徵收品種可以是糧食，也可以是貨幣、紡織品，尤其到了戰國時期，賦已以徵收貨幣或紡織品為主了。同時，賦還發生了從按田地計徵到按戶計徵的變化，因而被稱為「戶賦」，如雲夢睡虎地出土的戰國晚期的秦簡《法律答問》在回答什麼是「匿戶（隱瞞人戶）」時說，「弗繇（徭）、使，弗令出戶賦之謂也。」意思是說：「不徵發徭役，不加役使，也不命繳納戶賦。」所以，賦成為中國古代人頭稅的源頭。

加耗

加耗，本來是國家允許的向納稅人以「填補保管和轉運稅物過程中的損耗」為名的加徵。這始見於唐朝，當時加耗的數額有一定的限制，是合法的正稅附加稅。但是「加耗」之名的存在卻為不法官胥從中漁利開了方便之門。唐宣宗的一道詔文說：「天下倉場所納斛斗，如聞廣索耗物，別置一倉斛斗，又隨斗納耗物，率以為常，致疲人轉困。」《全唐文》卷八十〈兩稅外不許更徵詔〉）可知到唐後期額外加徵「加耗」成了各地倉場官胥普遍採用的盤剝辦法，而且他們為了方便就地分贓而把加徵的「耗物別置一倉」。倉場官胥私自索取的「加耗」常常高於官定限額的數倍。如唐文宗時，濠州（治所在今安徽鳳陽）的田稅加耗本來是每斗加二升，已經很重了，而「吏因緣而更盜」，竟徵至六升！唐武宗時，杜牧出任黃州（治所在今湖北新州）刺史後發現，當地田稅加耗本來是每斗一升，而「里胥因緣，侵竊十倍」。

北宋時期，有些地方在收納田賦時，以稅戶交納的穀物多糠秕或「溼惡」為名進行隨意性的加耗，如在豫章（治所在今江西南昌市），在收納時以筆作記號，「點一筆加一升之數，有點及八九筆者」。這種加耗辦法叫做「加點添耗」。到了清代，當田賦普通折徵銀兩時，前代的實物加耗就演變為「火耗」。「火耗」又稱「耗羨」，關於它的由來，我們在第四章已有說明。清代經收官胥以「火耗」為名的加徵同樣是驚人的。一般是加收稅額的十分之三四，也有加至十分之五六的，甚至出現了「稅輕耗重」，即加耗超過正稅的。不過，清代的「火耗」不能由倉場官胥獨吞，必須與上級官員分贓，所以當時人有「州縣存火耗以養上司」的說法。

概量

這指的是倉場官胥在計算納稅人交納稅物的數量時，在度量衡上做手腳。「出門銳」銀錠秦始皇統一中國之後，也統一了全國的度量衡單位和計量工具。此後各個王朝對收納稅物的度量衡都有統一的規定，是倉場官胥收納稅物時的法定依據。但是，不法官胥仍然可以想方設法在計量時對稅戶進行額外的盤剝。

例如，怎樣取「斛面」就有各種名堂。斛面，指在收納糧食時，倒入斛、斗、升等量器的糧食是滿到和量器的邊緣齊平，還是盡可能地堆高，一平一高，相差的數量不少。按官方規定，是應該把斛面推平，稱為平概。而倉場不法官胥則是盡可能地堆高。這種手法在五代十國叫做「增溢概量」，在北宋叫做「高量斛面」，在清朝叫做「淋尖」。運用這種手法，通常一斛可加徵五升，甚至有高達六七升的。

再如有「踢斛」一法。本來，量稅米時，應該讓米自然地注入斛斗中，滿了為止，可是有些倉場官胥卻是一邊讓稅米倒人斛斗之中，一邊用腳踢斛斗，盡量讓米填實加徵。

至於直接在度量衡器上作文章，也是常見的舞弊手法。如在收納稅米時將官定斛斗改換成銀錠實物私自製造的斛斗。這種私斛斗不僅形制已經比官斛斗大，有的還特意用厚薄不一的雜木板釘成，以盡可能地擴大斛內的容量。在清朝前期，銀兩是稱量貨幣，不是統一形制的銀元，國家對收納銀兩的稱量工具和砝碼也有統一的規定，叫做平砝。有些經收胥吏卻暗中給秤的砝碼加重，進行加徵。

勒折

勒折指在將稅物由「本色」折納其他物質時，強迫納稅人接受他們私自規定的不合理的折算比價。在這方面，宋代的「折變」之弊是顯著的例證。前已述及，宋代對折納稅如何折價有統一的規定。然而地方上的非法折納相當嚴重。宋仁宗時，據包拯上疏揭露，地方官府利用「折變」重斂於民的手法主要有兩類。一類是任意規定折價。如淮南、兩浙、荊湖諸路把當年夏稅一律折為現錢，第一等戶將綾折納現錢時，官府規定每匹要折納錢二千八百五十文，而市價每匹不過一千六百六十文；第二等戶以下至客戶將小麥折納現錢時，官府規定每斗折納九十四文，而市場價格每斗不過二三十文。農民必須出賣三斗多的小麥，才能完納一斗的稅額。另一類是多次折算。如陳州（治所在今河南淮陽），官吏透過鹽的專賣加稅的手法是，先把一斤鹽折價一百文，再把這一百文

以每斗四十文的價格折算成二．五斗小麥，又把這二．五斗小麥按每斗一百四十文的價格折算成現錢，要農民交納。結果，本來一斤只銀錠實物值二、三十文的鹽，經官府如此反覆折算，購鹽人竟要付出三百五十文，實際負擔驟增十二、三倍。這種情況不獨陳州如此。《宋史．食貨志》載，南宋時有人上疏指出：「非法折變，既以絹折錢，又以錢折麥。以絹較錢，錢倍於絹；以錢較麥，麥倍於錢。展轉增加，民無所訴。」不難看出，這些非法折納之所以能得逞，多是不法州縣官員與倉場官員勾結的結果。十六至十九世紀輸入中國的外國銀幣到了清朝，在東南地區田賦折色徵收中的「勒折」，對民戶特別是貧窮農民的禍害尤其嚴重。當時納稅人交納的田賦是要漕運往北方的，稱為漕米。具體徵收時，有些稅戶可以交納米，這叫交「本色」；有些稅戶卻要被指定折算成貨幣交納，這叫交「折色」。由於折色的折算價格多是由監納官員確定的，往往大大高於市場的米價，稅戶因此要多交銀兩或銅錢。這樣，被稱為「大戶」的富有地主透過向監納官員行賄而交納本色米，或者在折色時所折算的價錢少一些；被稱為「小戶」的貧窮農民卻要交納折色，而且所折算的價錢要比大戶高，為獲得交稅所需的貨幣，他們不得不在市場上低價出售比名義稅額多得多的糧食。

制度改革

宗法禮制

草創期

在中國原始社會裡，生產力十分低下，人們生活也很艱苦。那時集體勞動，共同消費，沒有階級和等級，沒有君主和國家，民聚生群處，知母不知父。隨著父系制的出現，對偶家庭也變成一夫一妻制的單偶家庭，這時，就有了「親戚兄弟夫妻男女之別」，產生了血緣關係之上私有財產的觀念。而且在父系氏族社會晚期及其解體後，就開始出現「上下長幼之道」和「進退揖讓之禮」，反映小歷史進入階級社會的某種道德規範的萌發。自華夏部落聯盟首領開始「父傳子，家天下」的王位繼承制以來，原始人類那種淳樸而不虛偽、為公而不計私情的民主選舉制終遭淘汰。夏啟變禪讓為世襲，變舉賢為傳子，反映出私有制社會的階級狀況和集團利益。從此之後，暴力成為解決問題的方式，國家成為名正言順的統治機器。

為使整個部落聯盟更有凝聚力和更富進取性，為使父死子繼的權力傳承合法正統，必須建立和鞏固威服天下的王族政權。王位占有者充分利用各種形式塑造自己的形象，並借用天帝祖先等神靈美化自己的統治手段。夏、商、周統治者都神化自己的祖先，以天帝在人間的代表者自居，子孫後代也世襲這份天意，那麼就形成不可更改的血統和秩序。為維護這份可以替天行道和可以傳宗接代的不朽使命，於是演繹出一套典章制度和道德規範，這便是後世所謂之「禮」。可以說，在中國傳統中，宗法是歷代統治的核心要素，而禮制則是歷代統治的基本手段。

夏禹在位時，曾取得很高威信，許多部落曾向夏貢銅，夏以此鑄鼎而成為傳國之寶。《左傳．宣公三年》云：「昔夏之方有德也，遠方圖物，貢金九牧，鑄鼎象物。」可知所謂夏鑄九鼎，不僅象徵王朝權威，也還寓意民族團結。此鼎後來商、周都作傳國之寶，相傳成湯遷九鼎與商邑，周武王遼之於洛邑。到戰國時，秦、楚還興師到周問鼎之事。可見此鼎並非尋常，其開國傳世之功恰含正宗合禮之義，故為人所重。

禹鑄九鼎或係傳說，但夏朝已有大量青銅禮器卻是事實。河南偃師二里頭遺址出土的銅爵、銅鈴，銅錘、銅刀、銅鏃、銅錛、銅鑿、銅戈都具特殊意義，特別是有些墓制也超出一般，有的還鋪撒紅砂，顯然墓主具有極高身分。也許夏人還不曾像周人對宗法禮制作過多的思考和研究，但他們也朦朧地已有這種觀念。據說禹時儀狄造酒並進獻，禹飲後便言後世有以酒亡國者，當然這可能是後人附會，但可看出對禹的敬頌。啟時為了要顯示天

子的威儀和夏朝的富有，一改禹生節儉樸素的生活作風，特定出一套禮儀和禮器。

作為禮，「貴賤有等，長幼有差」，如重要會見，都要「享禮」。儘管禹生前已下「禁酒令」，但因酒既可助興，又顯氣派，所以啟還是用其來大宴諸侯。啟不但提供這種當時甚為稀罕的可口飲料，而且為顯富有和豪華，使用了當時甚為貴重的青銅器皿。那些造型美觀、質地優良的鼎、彝、尊、爵，盛著香氣噴噴的豐盛酒食，怎不使各方伯長大為景仰？而且在飲宴過程中，那些多才多藝的文化人，編創些新穎的樂舞，打著從天神那裡學來的旗號，演奏助興，既悅人耳目，又令人感化，怎不在人靈魂深處產生效應？

當然，對禮的維護，有時也會導致血戰。據說禹有幼子叫武觀，見其兄啟繼其父禹做王后那種鋪張和享受，非常羨慕並嫉妒，覺得要是自己做王該多威風，而現在自己卻只能與方伯們隨班朝賀。武觀認為自己與啟屬兄弟之輩，不必固守君臣之禮，於是在朝儀方面馬虎應付，還口出怨言發牢騷。啟感到弟弟非禮，於是「放逐季子武觀於西河」（今本《竹書紀年》）。武觀被放逐後大為不平，就蓄積力量擁兵自重，這當然對「夏禮」構成破壞，啟就命令彭國方伯率兵鎮壓，武觀兵力不足只好投降。雖然武觀表示認罪，但啟還是放心不下把他殺了。可以想見禮的尊嚴，還是維護統治秩序。

啟死後，其子太康即位。太康沉迷於遊獵，不理國事，漸失民心，后羿乘機驅逐太康。太康與五個兄弟不得返國，兄弟五人乃作「五子之歌」，以發洩對太康的不滿和悲怨之情。夏人雖擁立太康弟仲康為王，但實權仍為后羿控制。仲康死，后羿篡奪王位，史稱「后羿代夏」。后羿自恃善射，疏遠賢臣，將朝廷委於寵臣寒浞，自己終日外出遊獵。寒浞早已垂涎王位，糾集親信，殺死后羿，自立為王，並霸占后羿之妻，生澆和殪。寒浞處心積慮地妄圖根除夏王後裔。澆成人後，追殺仲康之子相。相被殺死，相妻後緡身懷有孕，逃回娘家，生子少康。少康成人後，又被澆追殺。後少康投奔有虞氏，聚集夏人的力量，聯絡其他勤王部落，終於消滅了澆和殪，恢復夏朝統治，史稱「少康中興」。

可見當時人們已樹立了正統觀念，而非禮行為則遭到人們反對。夏朝建國之初，竟然經過如此反覆激烈的鬥爭，也說明新觀念新制度確立不易，但正是在這種較量中，新規範得以穩固並發展。

夏朝已注意到「禮」的重要，禮不僅規範等級秩序，也有道德修養要求。夏桀之時，暴虐無道，其倒行逆施激起民眾的憤慨，方國也不甘臣服伺機反叛。而桀非但不思悔改，反頑冥不化。史載桀云：「天之有日，猶吾之有民。日有亡哉？日亡吾亦亡矣！」眾人曰：「是日何時喪？予與汝皆亡。」說明民眾此時已忍無可忍，寧願與之同盡。夏桀目無宗法，大毀禮制，從而導致順天昌民的改朝換代。

發展期

商滅夏後，極重禮制。因為商人本就迷信鬼神，所以禮制最常見於祭祀活動中。禮在甲骨文中為「豊」字或「」字，據王國維在《觀堂集林．釋禮》中考證說：「此諸字皆像二玉在器之形，古者行禮以玉，故《說文》曰：豊，行禮之器，其說古矣？」雙玉盛於器皿，用於祭祀禮儀，可謂極富象徵意義。用精美的包裝盛以珍貴的內涵奉獻給最崇拜的，很能說明這是多麼美好的禮物而表達出多麼尊嚴的意味。

但禮的表示有差別，只有天子才能代表國家祭祀天地與祖宗，餘皆等而次之。《論語．為政》說：「殷因於夏禮，所損益可知也；周因於殷禮，所損益可知也。」夏、商、週三代禮制是存在著繼承發展的關係的，等級名分制度則是核心內容。商代國王自稱為「余一人」，表明其初步具備至高無上的地位，其他王室貴族、宰執輔臣、各方侯伯則各具等差。中、亞字形大墓只會出現於王陵，精美禮器也只能出土於貴族墓葬，平民死後一般只有狗相陪，奴隸只有作人祭、人殉的份。

殷商時代的王位繼承基本遵照夏代「父死子繼」的正統觀念，但實際上往往採用的是「兄終弟及」和「還位長子」的方法。商王死後，王位由弟弟繼承，如果沒有弟弟才傳給兒子。商代的奴隸主都是多妻制，假如商王不是短命鬼，就有許多兒子。這樣兄弟就多，王位繼承就出現紛爭。自仲丁至陽甲九個商王中，在兄弟子姪之間為了繼承王位一直爭奪不休，造成了九世混亂的局面。五次遷都的原因，固然有尋找便於控制四方和選擇良好自然條件的想法，但也不能排除以此擺脫王族在舊都中形成的各種勢力，來緩和內部矛盾的目的。

武丁即位時也打破了慣例，他本是盤庚、小辛、小乙三兄弟中小乙的兒子，小乙未將王位讓於盤庚之子，而是留給了自己的兒子，顯然違反了祖制。武丁時期，商朝達於極盛。但他誤聽後妻之言，流放長子並將其迫害致死，也說明王位爭奪的殘酷性。其長子孝己的故事很多，如夏、商祭祖時都要選受祭祖先後代中子孫一人，一般是長子或是長孫來充當死去的祖先，叫做「尸」。為尸者在祭祀前要沐浴、齋戒、靜養，祭祀時代祖先受禮拜。這是一種很高的榮譽，也是地位的肯定。武丁祭祖時，就曾叫其長子孝己去當尸。相傳孝己也十分孝敬，卻不為後母所容。後來莊子論此事說：「人親莫不欲其子之孝，而孝未必愛，故孝己憂而曾參悲。」由此而言，只是親孝沒有威權也流於空泛。夏、商嫡庶制度還不夠嚴格，不像後來周代那樣明確。

王室以王為中心，是貴族階層的總代表，下設各級官吏構成統治機關。一般認為，

王是由氏族社會後期部落首領演化而來，是權力集中的突出表現。甲骨文中「王」字像一個刃部向下的斧鉞，斧鉞在早期只是一種生產工具和殺伐兵器，後逐漸演化成勞動和征伐的帶頭人的權柄。新石器時代許多文化遺址中就有象徵權力的石鉞出土，到商代，斧鉞代表權貴已有豐富的貴族墓葬證明。當氏族首領變為國家君主之時，王——斧鉞也就成為最高代表的專有稱號。夏朝的最高統治者已經稱王，商代稱王始於成湯。商王自稱「余一人」則表示非同凡響，平民安敢望其項背。商人迷信鬼神，甲骨卜辭中「帝」被認為天界最高神，商王被認為人間最高神。

在此神威下，皇室成員和王朝官吏構成龐大的統治階層，這個階層掌握著絕大部分政治權力和物質財富，他們生前過著享樂淫逸的生活，死後還要葬在精心修建的陵墓中，並要隨葬大量精美的銅器、玉器、牲畜、車輛及奴隸。安陽武官村北發掘的武官大墓，面積約三百四十平方公尺，且已被盜，但其中仍有殉人七十九具、葬馬二十八匹。眾所周知的婦好墓，墓室面積二十餘平方公尺，其中殉葬十六人、隨葬禮器一千九百餘件。

由此可見，商代的統治階層不僅對奴隸殘酷地壓榨剝削，而且對奴隸具有生殺予奪的權利。他們生前要奴隸服侍，死後也不捨棄被冤魂伺候。他們是商代社會中的特權階層，「禮」便是適應他們的需要而制定出來的。因而商代的「禮」更多體現在神的意志上而較少人的意味，任何事情都表現於敬神事鬼的儀式。商人以為，威權來自天命，天命的表現是神鬼的啟示，因而遇事必卜，表明符合天意。這種宗教的虔誠，顯然包含著殘酷的階級壓迫，並以強化鎮壓手段加以維護。

由於夏、商王朝實際上是參照氏族部落聯盟的方式，把各個具有一定從屬關係的方國部落連繫起來的政治共同體。因而國王只是盟主，他與各方諸侯之間的關係並無嚴格的上下之人面鉞分。即便是在本族內部，王權亦受到貴族甚至族眾的牽制，可以說，當時實行的還是一種貴族民主的政治制度，因而宗法禮制自有其時代的特點。如商王對各同盟部族擁有指揮權但並非絕對，各路方伯依附商王也並非一味順從。商王接受各個方國的朝賀和貢品，也要對朝貢者給予適當的獎賞或報償。因而，商王朝與所屬國之間的關係有威禮往來的一面，商王之所以能成為天下共主是基於其在政治、經濟、軍事、文化等方面的巨大優勢。而當商王因腐敗招致天人共怨時，日暮途窮也就在所難免。

商王直轄下的中央政權機構及各級官員設置相當龐雜。有輔助國王處理政務的執行機關，主要官員有尹、相、師、保等；有專門進行占卜的宗教機關，如祝、卜等，許多政務人員其實也是神職人員。商王的決策必須取得他們的支持，許多大事除交付眾議，還要訴諸鬼神方能決定。這些重臣權力極大，商王離開他們對任何重要行動都不能作出

最後決定，這也是商代政治的一個突出特點。伊尹放太甲之事說明宰執的權重，盤庚遷殷也要不斷徵求族眾的意見，而最終決定往往由卜筮作出。范文瀾說：「巫史都代表鬼神發言，指導國家政治和國王行動。巫偏重鬼神，史偏重人事。巫能歌舞音樂與醫治疾病，代鬼神發言主要用筮法。史能記人事、觀天象與熟悉舊典，代鬼神發言主要用卜法。國王事無大小，都得請鬼神指導，也就是必須得到巫史指導才能行動。」從這一方面看，也說明商代的禮法借鬼神治人事，禮法成為鬼神牢籠人間的枷鎖，而那些巫史以此獲得了社會的尊重。

法律和軍隊是商代國家機器的重要組成部分，它們對內是維護秩序保持專政的工具，對外則發揮防禦入侵和出征掠奪的作用。早在夏代已有監獄和刑罰，而商代更強調懲罪伐惡是鬼神的意志，給當時的法律制度蒙上一層神祕的宗教外衣。商代的刑罰粗具規模但極酷虐。如族，即一人犯罪，誅及親族，武王伐紂時宣布紂王罪狀之一就是「罪人以族」。其他死刑還有斬，戮、醢、脯，炮烙之刑也是極折磨人的死刑。《史記．殷本紀》載：「百姓怨望而諸侯有畔者，於是紂乃重辟刑，有炮烙之法。」集解引《列女傳》云：「膏銅柱，下加之炭，令有罪者行焉。輒墮炭中，妲己笑，曰炮烙之刑。」索隱引鄒誕生曰：「見蟻布銅斗，足廢而死。於是為銅烙，炊炭其下，使罪人步其上。」

可知此刑之殘忍。肉刑也較多，如刖、劓等，甲骨文中已見去腿、割鼻的會意字。流刑也有，伊尹流放太甲或可視為刑罰。徒刑亦見，傳說被武丁任用之前便是在傅險築路服刑。商代也已出現監獄，甲骨文中「執」字，便是一人手戴刑具之形。「執」字外加方框，便是囚徒在牢之象，今寫作「圉」。殷墟發掘中出土過戴枷陶俑，男俑的雙手被枷在身後，女俑的雙手被枷在胸前，形象地反映了商代罪犯佩戴刑具的形式。而殷墟發現的方形土牢，不免使人聯想到文王囚於裡的拘束情狀。

軍隊到了商代也已有相當規模。當夏政衰敗出現滅亡之兆時，商湯就在伊尹、仲虺的輔佐下興兵征討。商先翦滅夏之羽翼，所謂「十一征而無敵於天下」，然後在鳴條之役大敗夏軍，一舉奪取政權。武丁時也發起征服邊疆方國的大規模戰爭，此時中原地區達到極盛，而邊遠異族也有意向華夏地區擴張勢力，於是戰爭不可避免。武丁動用大量軍隊，戰爭曠日持久。甲骨文中載商伐羌之事極多，最有名的是「婦好伐羌」。婦好是武丁之妻，曾多次率兵出征羌、夷、土方等部落，這是中國歷史上有關婦女揮師攻戰的最早記載。商還南征荊蠻，東討江淮，擴大了疆土。戰中投入兵力之多，武器裝備之精良，戰術應用之巧妙，說明戰爭已達到較高水平。到了商末武王伐紂牧野之戰時，《史記．周本紀》載：「帝紂聞武王來，亦發兵七十萬人距武王。」對此一般認為「七十」

乃「十七」之誤，商王一次能出兵十幾萬人，也說明兵力非同小可。

商朝把軍隊分成王室軍與方國軍。王室軍以「師」為最高軍隊編制，這是在夏代「旅」的編制上發展起來的高一級單位，師下設旅，師旅皆分左、中、右，旅下設制尚不細密，兵員稱「眾」，「眾」不是奴隸，而是具有亦兵亦農雙重身分的平民。除了由「眾」組成的「師」、「旅」外，還有「族」組成的「旅」，這樣的「王旅」、「我旅」和一般師旅不同，是由商王親族構成的獨立成分，具有嫡系的性質。作為氏族制的遺痕，血族因素在武裝部隊中難以消除，並持續到此後相當長的時期，明顯表現出宗法的特點。方國軍是各方國的武裝力量，如同王室和方國的關係若即若離現象一樣，方國軍對中央軍也是一種特殊的「臣屬關係」，這種關係具有原始性和不穩定性。所謂原始性，指不是完全意義的宗法關係；所謂不穩定性，是因商朝的強弱而叛服無常。但隨著商王朝統治的加強和擴大，由近及遠的方國漸被征服，這些受封諸侯的軍隊也就成了商朝軍隊的組成部分，聽從商王的調遣和支配，承擔守邊和征伐的任務。但這種關係仍不緊密，因而，從軍隊形態看，商代宗法關係不像周代那樣牢固。至於周代後來出現封建割據、諸侯稱雄的局面，與商代王室與方國的關係不同，不可等同看待。

在軍隊中，兵器也可看出等級和分工的不同。如斧、鉞，斧、鉞形制相近，區別在於鉞刃寬大、柄長，斧刃窄小、柄短。斧、鉞雖均為砍劈武器，但在商代主要是軍權的象徵，有的用玉製成。《史記．殷本紀》：「湯自把鉞以伐昆吾。」軍事首領常常仗斧、鉞執旗指揮軍隊，一般而言斧鉞的大小與軍權的大小成正比。商代車戰已有相當規模，車上甲士多用戈，這種兵器裝有長柄，既可勾割，又可啄擊。步卒所用兵器以矛為主，這是一種裝有長柄的尖狀刺殺武器。刀作為護身之用的砍殺兵器也有多種形制，如直脊彎脊之別。其他還有殳，也稱杵、杖，是一種用竹、木削制而成既可挑刺又可擊打的兵器。武王伐紂時，商兵「前徒倒戈，血流漂杵」，可見殷紂已失民心，徒眾造反。《淮南子．齊俗》：「昔武王執戈秉鉞以伐紂勝殷，措笏仗殳以臨朝。」商朝兵器由原始社會勞動工具發展而來且初具規模，雖已見金屬製品但尚粗陋。然而，裝備優劣還是能夠說明身分尊卑的，將領和士兵自有不同，後代禮制漸細，寓意也就愈加豐富。

完善期

周代的宗法制在夏、商基礎上發展起來且逐漸詳備嚴格，並對後來中國各個歷史朝代形成深遠影響。據史料載，武王伐紂勝利之初，周人並非心無餘悸。作為一個文化落後的偏遠方國，必然懾服於殷代的文明程度，因而，周人抱著接受殷人的典章制度和思

想文化的態度小心翼翼地來處理國事。他們很禮貌地安頓殷商王室，表示一種優待。他們尊重殷人先哲，讚佩「唯殷先人，有冊有典」。他們繼承甲骨文字，而並非廢棄和重建。但周人並不消極地因襲殷禮，而是積極地改革推進。《禮記》中言：「周人尊禮尚施，事鬼敬神而遠之，近人而忠焉。」這說明商、周對鬼神態度饕餮紋冑的不同，周人不否定鬼神，但更重視人事，所以，周禮更具人倫含義。孔子讚嘆周禮「監於二代，郁郁乎文哉」，不能否定周禮的進步思想意義。周禮嚴格的規定性與殷禮含糊的宗教性相比，使禮從原來的重儀式進一步走向重法制。可以說，禮法是一種政治宗教化，將尊卑貴賤明確標示出來。實質上，它就是一種特殊的政權形式和治理手段。伯矩鬲周初曾進行大量制禮工作。《左傳．文公十八年》載：「先君周公制《周禮》曰：則以觀德，德以處事，事以度功，功以食民。」《史記．周本紀》則載成王「既絀殷命，襲淮夷，歸在豐，作《周官》，興正禮樂，度制於是改。」周禮實際上是依殷禮而有所革除和增益的一系列政治制度和行為規範以及道德標準，就其本質而言，首先還是關於宗族統治和政權統治的規定。為了保持王室的團結和穩固，當時採取了最可靠的方法，即以擴大家族統治、加強血緣約束來維持社會安定。同時對這個大家族各個層次的權利、義務和等級進行嚴格的要求和限制，因此以嫡長子繼承制為核心的宗族組織法——宗法，便逐漸健全起來。

宗法是由原始社會末期氏族組織演變而來的以血緣關係為基礎的族制系統，到階級社會已演化為一種鞏固統治秩序的政治制度。這是一個龐大複雜但又井然有序的特殊社會構造體系。周王被認為是天子，即上天的長子，接受並管理上天賜予的土地和平民。政治上，他是天下的共主，宗法上，他是天下的大宗。周天子由嫡長子繼承，世代保持大宗地位，其餘的王子分封為諸侯，對周王為小宗。諸侯在其封國內又是大宗，其位由嫡長子繼承，餘子被封為卿大夫，是小宗。卿大夫在其采邑內實行嫡長子繼承，為大宗，餘子封為士，為小宗。士亦由嫡長子繼承，其餘諸子不再分封，為平民。

簡而言之，宗法制核心就是嫡長子繼承父位（大宗），庶子分封（小宗）。不僅王室同姓宗法如此，其他異姓貴族也依據此例。貴族被分封必效命天子，下對上必恭敬從命。由於周人實行同姓不婚的婚制，又受門當戶對觀念的影響，因此婚姻形態又構成等級森嚴的社會關係網，而這一切都以天子為核心。故《詩經．大雅．北山》中言：「溥天之下，莫非王土；率土之濱，莫非王臣。」可見，宗法制度是宗族權利和土地占有的嚴格等級制度。在宗法制度下，大宗與小宗的關係是一種等級從屬關係，小宗必須服從大宗，受大宗的治理和約束。這樣，整個天下的各級貴族就在宗法制下構成統治集團

網，周王透過「收族」而加強統治、保障王權。

宗法制提倡尊祖，但不是所有子孫都有祭祖的權利，只有大宗才有主祭宗廟的特權，小宗只有透過對大宗的尊敬才能表達尊祖之意。各級大宗透過對祭祀特權的壟斷進而掌握國家政權。所以說，宗法制也是政權、族權和神權相結合的一種產物。由此可見，宗法制從表面上看是以血緣關係為主，其主要目的則是透過親疏不同的血緣關係來確定財產和權力的分配，用以強化當時國家的統治秩序。

以宗法制為核心的周禮不外乎包括兩個方面，一是「親親」，一是「尊尊」。「親親」就是親其所親，反映了社會的血緣關係；「尊尊」就是尊其所尊，反映了社會的政治關係。這其中都貫徹著嚴格的等級制原則。《禮記》中言：「仁者人也，親親為大。義者宜也，尊賢為大。」顯然，這個以親親、尊尊為內容的等級制是以父權制為基礎發展起來的。《禮記》中還言：「資於事父以事君，而敬同」，「資於事父以事母，而愛同」，「天無二日，土無二王，國無二君，家無二尊，以一治也」。這其實都是從父權制到王權制的引申。由父權到王權並制定明細規約，貫徹了「以一治之」的最高原則，這一原則表現於周禮各項制度中。

井田制是西周社會的基本土地制度。關於井田制，《孟子・滕文公上》云：「方里而井，井九百畝，其中為公田，八家皆私百畝，同養公田。」其中的公田是各級土地所有者直接控制的田地，庶民在耕種分到的公田周圍的私田時同時要耕種公田。農業生產者都被固定在井田上，在此基礎上形成了里、邑等基層村社單位。范文瀾認為，《詩經．豳風．七月》是追述周先公居豳時的農事詩，反映的是先周奴隸制度下的農業生活，與後來其他詩篇反映成千上萬的農夫耕種於公田有實質的不同。「〈七月篇〉的農婦同農夫一樣為公家做工，其他詩篇則只有農夫耕公田。」因而奴隸制度到了西周已有明顯的改變，或可視為奴隸制度又有進步。

分封制是西周社會的重要政治措施。所謂分封是指周王「分土封侯」、「以蕃屏周」，即按政治需要將土地和職權封給諸侯，所封諸侯對天子有隸屬關係，有鎮守疆土、捍衛王室、交納貢稅、朝覲述職的義務。周武王滅商以後即開始分封，受封者依史籍記載主要有四種人：一是同姓親屬，如封周公旦於魯；二是功臣謀士，如封姜尚於齊；三是殷商之後，如封武庚於殷；四是古聖之後，如封神農之後於焦、黃帝之後於祝、帝堯之後於薊等。周公東征平定武庚之亂後，又一次大規模分封，如封康叔於衛、封叔虞於唐。此後歷代周王陸續有分封，但規模漸小。《荀子．儒效》云：「武王崩，成王幼，周公屏成王而及武王以屬天下，惡天下之倍周也。履天下之藉，聽天下之斷，

偃然如固有之，而天下不折觥稱貪焉；殺管叔，虛殷國，而天下不稱戾焉；兼制天下，立七十一國，姬姓獨居五十三人，而天下不稱偏焉。」後人言周公制禮並非無據，而周公也被後世儒家尊奉為「聖人」。周禮為王業奠定了基礎，日後發展成一套經營萬方、嚴謹有致的統治策略。與分封制密切相關的還有畿服制、爵位制。畿服制按《國語・周語》所說是：「夫先王之制，邦內甸服，邦外侯服，侯衛賓服，蠻夷要服，戎狄荒服。」爵位制按《國語・周語》云：「昔我先王之有天下也，規方千里以為甸服，其餘以均分公侯伯子男。」由此可知，畿服制與爵位制密切相關。甸服即畿內，侯服、賓服指華夏諸族，要服、荒服指邊遠蠻狄，又依內外、親疏、尊卑、近遠分出爵等，這從本質上體現了西周貴族內部的等級劃分和政治區域的強弱有別。

周禮中的官制主要有卿事寮和太史寮兩大系統。卿事寮西周初年由周公旦執掌，其所屬高級官員，可能即金文中所謂「三右」。其中的司土也稱司徒，主管土地、農業及教化之事。司馬執掌軍權，主管守衛疆土、鎮壓反叛及對外征伐等。司工也稱司空，主管營建城邑、修造房屋及百工之事。太史寮西周初年由召公奭執掌，其所屬高級官員，可能即金文中所謂「三左」。其中大史為史官之長，地位和職責十分重要，主管文書起草、冊命官員、編著史冊、天文曆法、宗教祭祀、圖書典籍等，其下設有各級各類官員。大祝為祝官之長，掌祈求祝禱之事。大卜是卜筮之長，管龜卜蓍算之事。卿事寮和太史寮共掌當時天下大政，並向周王負責，《尚書序》謂「召公為保，周公為師，相成王，為左右」，可謂當時政權機構的一種反映。西周前期，太史寮作用較大，中期以後，卿事寮權力日重，這也說明宗教威權日次於世俗政務。除兩寮以外，從西周早期開始還設有獨立的宰職系統。宰起初是管理周王宮廷內部事務的總管家，地位較低，但由於直接在周王身邊服務，地位逐漸上升，到西周晚期竟達到與兩寮並列的地步，有時甚至有超越兩寮之勢。監察系統在西周也已設立，他們內監百官，外監諸侯。西周王朝官職較商代更加系統化、制度化，反映出官吏職責更加明確，分工更加精細，象徵著國家機器的進一步強化。

西周法律也嚴格遵循維護宗法等級制度的原則。《禮記·王制》云：「凡聽五刑之訟，必原父子之親，立君臣之義以權之，意論輕重之序、慎測淺深之量以別之。」意即聽訟時要首先考慮宗法禮制等規定，其次再考慮犯罪輕重與量刑之淺深。周法強調「尊祖」、「敬宗」，即如《禮記·大傳》所云：「親親故尊祖，尊祖故敬宗，敬宗故收族，收族故宗廟嚴，宗廟嚴故重社稷，重社稷故愛百姓，愛百姓故刑罰中，刑罰中故庶民安。」可見尊祖敬宗的目的還在於重國泰民安。但周禮畢竟是用來「經國家，定社稷，

序人民，利後嗣」的，因而「禮不下庶人，刑不上大夫」是西周法律思想和實踐的重要特點，其必須維護國家的根本宗旨。禮為貴族而設，刑為庶人而立。這就是說，禮所規定的各種權利庶人無權享用，貴族則在一定範圍內不必施以刑罰。《白虎通》言：「禮為有知制，刑為無知設。」一語道出「禮」、「刑」之區別。合禮表示遵從秩序，不得反抗；施刑表示犯上作亂，必經鎮壓。庶民只要恭順，不必按禮之繁瑣去要求；貴族如果違禮，實際上也要嚴加責罰。因而周禮中刑法可謂專為庶人所設，貴族犯罪自有別論。體制已相當完備，罪名也細緻明確：如違反王命罪、危害他人罪、侵奪財產罪、破壞家庭婚姻罪，妨害社會秩序罪、破壞國家經濟罪，等等。這些罪名不僅以行為論判，還含有道德的譴責，因而以罰治禮的內涵顯明可見，給人以思想上的束縛。

西周的刑罰也較商代有所發展，五刑已備。一般認為，五刑指墨、劓、宮、大辟，以犯罪程度不同施以輕重不同之刑。墨刑也稱黥刑，即用刀刺刻犯人額頰等處，然後再塗上墨作為懲罰標記，以治罪輕之人。劓刑即割鼻之刑。制刑即刖刑，將人斷足。宮刑即男子割勢，婦人幽閉，是一種破壞生殖功能的刑罰。大辟即死刑，而執刑手段又有多種。如斬、殺，《周禮．秋官．掌戮》：「斬殺賊諜而搏之。」鄭玄註：「斬以鐵鉞，若今腰斬也。殺以刀刃，若今棄市也。」如焚、烹，即火燒湯煮；如搏、辜，即將罪人肢解；如磬、絞，即縊殺，可保全屍。除以上肉刑外，還有流刑、拘役，即流放和坐監，這是對犯人制裁較輕的一種形式。西周還出現了贖罰。所謂贖罰，指用錢財減罪或銷罪。《尚書．呂刑》云：「五刑不簡，正於五罰。」意為五刑不能核實者，可按五等罰金治罪。又云：「墨辟疑赦，其罰百鍰，閱實其罪。劓辟疑赦，其罰唯倍，閱實其罪。剕辟疑赦，其罰倍差，閱實其罪。宮辟疑赦，其罰六百鍰，閱實其罪。大辟疑赦，其罰千鍰，閱實其罪。」孔傳：「六兩曰鍰。」可見贖罰只適用於疑案，根據不同罪名罰以不等贖金。西周時金指銅，尚很珍貴，能拿出數百金也非等閒之事，或許要傾家蕩產。

出於維護宗法禮制的需要，西周還特別注意婚姻、家庭制度的建設。《禮記．郊特牲》言：「男女有別則然後父子親，父子親然後義生，義生然後禮作，禮作然後萬物安。」視婚姻、家庭為萬物安定的基礎，故在婚姻、家庭方面有許多規定。首先是「同姓不婚」的原則，這一方面是基於「男女同姓，其生不蕃」的認識，另一方面也是出於「娶於異姓，附遠厚別」的考慮。其次是一夫一妻制的原則，這個原則是貴族宗法繼承制的需要，但在生活中實際上貴族都實行一夫多妻制，並被法律認可。《禮記．曲禮》云：「天子有後、有夫人、有世婦、有嬪、有妻、有妾。」兩種婚制並行不悖，反映出社會現實的實際狀況。一般而言，依經濟和政治因素，當時只有平民多實行一夫一

妻制，而貴族則多實行一夫多妻制，這一傳統貫穿中國歷史幾千年。其三，男女婚姻要由父母之命、媒妁之言決定，否則不被社會承認。其四，婚禮有一套固定程序，以示莊重合法。《禮記．昏義》云：「昏禮者，將合二姓之好，上以事宗廟，而下以繼後世也，故君子重之。是以昏禮：納采、問名、納吉、納徵、請期、親迎。」以上原則正是宗法禮制在婚姻上的反映，貴族一般要嚴格執行，庶民則大多從簡照辦。關於離婚則有七去、七棄、七出之說。《大戴禮記．本命》云：「婦有七去：不順父母，去；無子，去；淫，去；妒，去；有惡疾，去；多語，去；竊盜，去。」表明婦女在婚姻中沒有任何權利，只能順從丈夫及其父母作傳宗接代的工具。與婚姻制度相適應，男尊女卑的家庭觀念也得以確立，「婦人，從人者也。幼從父母，嫁從丈夫，夫死從子」。對女性一系列的苛刻要求日後形成女性沉重的家庭觀念和道德枷鎖，而使男性居於社會主導地位並名正言順。

西周的軍隊建制也較商代更系統明確。武王滅商以後實行分封制，王室據有領地千里，是諸侯領地的數十倍甚或上百倍，所以天子在政治、經濟、文化以及軍事上都對諸侯有強大的支配力量，這就完全改變了殷商以來王室與方伯之間的關係，天子不再是諸侯之長，而是諸侯之君。周天子也成為全國軍隊的最高統帥，總攬全國軍事大權，形成一元化的領導體制。西周最高的軍事管理機構司馬聽命於天子，負責內征外伐，管理國家軍賦，執行軍事法律，組織軍事演習。周天子擁有強大的王室軍，還嚴格限定諸侯軍的數額和軍權，如《國語．魯語下》所說：「天子作師，公帥之，以征不德。元侯作師，卿帥之，以承天子。諸侯有卿無軍，帥教衛以贊元侯。自伯子男有大夫無卿，帥賦以從諸侯，是以上能征下，下無奸慝。」可見，西周在軍隊編制上，力圖強化王室軍而控制諸侯軍，使伯子男以下小國成為諸侯的附庸，而一般諸侯又受制於元侯，元侯又直接受控於天子，這樣層層箝制，就形成一種本大末小、強幹弱枝的局面，軍權完全集中於天子之手。除此之外，西周還有一支專門負責王室禁衛的軍隊——虎賁，由卿大夫子弟組成。這是一支戰鬥素質良好的特種部隊，平時負責宮廷警戒，戰時是軍隊骨幹力量。從中不難看出，西周軍隊的等級特性與宗法分封制相適應。

隨著社會的發展，軍隊規模也在擴大。西周初期以師為編制單位，到西周晚期則形成軍之編制形式。《周禮．夏官．司馬》：「凡制軍，萬有二千五百人為軍。王六軍，次國二軍，小國一軍，軍將皆命卿。二千有五百人為師，師帥皆中大夫。五百人為旅，旅帥皆下大夫。百人為卒，卒長皆上士。二十五人為兩，兩司馬皆中士。五人為伍，伍皆有長。」與「王六軍」相適應，「大國三軍，次國二軍，小國一軍」的制度也應運而

生。兵種仍以車兵和步兵為主，但後來車戰成為主要的作戰方式，構成車步兵混合編組。以《周禮》結合《詩經》考之：《周禮》言萬二千五百人為軍；《詩經》言五百乘為軍，每乘當為二十五名兵員，恰為一兩（兩則通輛）。《書．牧誓．序》：「武王戎車三百兩。」傳：「車稱兩。」每乘甲士十名，步卒十五名，形成了很強的攻擊力。戰時用旗鼓指揮，旗鼓依官職不同亦有等級制度，士兵服從官長，下級服從上級。軍隊平時要經常訓練，應旗鼓指揮而進退有序，一旦違令，將軍法處置。西周兵器已大量使用青銅並加以改進，戈、矛、箭、戟殺傷力更強。

總之，西周的宗法禮制充分承認社會各個階層親疏尊卑關係的合理性，認為這種差別是理想的社會秩序並以此制訂出特殊的行為規範。每個人都要嚴格地扮演由自己社會地位決定的角色，這是對當時社會制度的最好維護。實行周禮的最高境界，當如孔子所言：「非禮勿視，非禮勿聽，非禮勿言，非禮勿動。」這一體制將每個單獨的社會成員以宗族血緣和禮法等級關係緊密地聯結為一個整體，藉以克服單個分子不能承受的來自自然的災害和社會的壓力。當然，隨著歷史的進步，它為人們進行社會活動框定了嚴格的界限，極大地阻礙了人們社會關係的多樣化發展，從而限制了人們思想和行為的活力，因而到東周時期「禮崩樂壞」也就勢成必然。

敬德保民

崇天法祖

原始社會時人們還沒有上帝的觀念，只是普遍地存在著對自然的敬畏。母系氏族社會時期，人們將自然幻化為神靈的外在表現，但諸神之間是平等的。到了父系氏族社會，神獲得了社會屬性，不過權限也不超出本氏族或部落的範圍，還沒有一個統攝百神的至上神。夏王朝建立後，地上有了統一的君主專制制度，在多神之上便出現了百神之長，叫做「天」。天神的出現是人間秩序的反映，強調其至高無上和不可更改。天不變，道亦不變，這就使天子的一切行為成為天神在人間的意志而合理合法。夏君出師要講恭行天罰，對內統治要講永保天命，所以，天神崇拜已不同於遠古神話，它是經過加工的統治階級的宇宙觀，為順承天意永保王位的繼承，於是又出現敬祖以求王業不衰。崇天法祖觀念的出現，是氏族社會各部落聯盟逐漸兼併統一的產物，是思維對多神的屬性加以綜合概括的結果，也是人類探索世界統一性的一種嘗試，當然亦是一種道德觀念的樹立。

因為有了鬼神，卜筮巫祝於是盛行。人們祈求鬼神以決疑，對鬼神的崇拜和對卜筮的虔誠可以說是最初的德。原始社會的解體，奴隸制度的到來，徹底改變了人與人之間的關係，引起道德觀念的深刻變化，原先天下為公的道德指向渙散為自私自利的現實追求。《禮記》言：「今大道既隱，天下為家，各親其親，各子其子，貨力為己。大人世及以為禮，城郭溝池以為固，禮義以為紀，以正君臣，以篤父子。」在這種私有觀念的強勢動態中，只有強調社會秩序的尊嚴性，才能將人各為自己的慾望壓抑在合理的地方，因而，崇天法祖、忠君孝親就成為道德的基本要求，就成為整合社會觀念的必要措施。

因為殷人尤重鬼神，所以「德」總是和宗教緣淵難分。在宗教威勢下制定出禮制法度，當然是為了更好地馴化天下之人的道德修養。商代政權繼夏代舊制，是由新的部落首領和氏族貴族構成，內部關係則依靠宗族血緣紐帶來維繫。奴隸階級的構成，一部分是原來本部落的成員，另一部分則是外部落的戰俘。需要指出的是，殷商時代把被征服的部落和方國整族地化為奴隸，這種種族奴隸聚族而居，並且有家室，基本上保持著原來氏族社會的組織結構。這就是說，不論是貴族還是奴隸，都還保持著氏族血緣關係。商代的「德」，正是建立在這種血緣關係基礎之上的。司母戊鼎甲骨文中已有

「德」字，是直視而行的形狀，故「德」有「正」之意，表示行為要端正合宜，這可說是「德」的初義了。盤庚遷殷時，一再強調「德」字，「德」有順應天意民心的內涵。盤庚說：「若網在綱，有條而不紊。若農服田力穡，乃亦有秋。汝克黜乃心，施實德於民，至於婚友，丕乃敢大言，汝有積德！」也就是說，做正義好心的事情才能積德，才有收穫。當時貴族「傲上」而「離心」，根本不考慮國家利益，所以盤庚一再指責批評他們，說他們不能去追求幸福的生活，不能與王同心同德，心中藏著惡毒的念頭，放肆而又貪圖安逸。盤庚遷都的計劃損害了許多貴族的利益，因此遭到他們的反對，他們到處散布流言蜚語，蠱惑民心。因而從正統觀念講，貴族們不講德行，盤庚不得不反覆給予說明和訓斥。

貴族的「傲上」和「離心」是建立在聚斂和利己的基礎上的，盤庚警告他們：「無總於貨寶，生生自庸。式敷民德，永肩一心。」即不要聚斂財貨寶物，要好好謀生供自己享用。要施恩惠於民眾，我們應同心同德。可見盤庚還是從國家命運出發，考慮上天的意志。他還說：「像你們這樣今天沒有明天地得過且過，以後在上天那裡豈有你們的位置。」盤庚在借助上帝神威的同時，還請出祖先神對他們施加壓力。說明他們必須順從他的命令，否則先王也會拋棄他們，他們將無法擺脫懲罰。可見殷商時代的倫理道

德，一方面要考慮到民眾的要求，要考慮到整個國家的利益；另一方面，也講究綱常事理和法度秩序，並總是與神靈崇拜連繫在一起。

重孝任賢

「德」的觀念在商代更多地表現為「重孝」和「任賢」。卜辭中的「孝」字跟「考」字和「老」字通解，都有「奉先思孝」之意。另外，「教」也與「孝」有關，商時政教合一，行政即所以施教，所以施教以「孝」也就可達某種行政上的目的。商人重孝的目的有二：一是如果子女對父母施行孝道並追宗記祖，那麼人的祖先概念就不致遺忘或模糊，由於孝的行為可引起對祖先情感的深刻化，從而使血統關係就可以維繫永久。二是如果統治者對父母祖先相率以孝，那麼社會風氣就會道德淳樸，無人作亂，他們給種族奴隸作出重孝的榜樣，也就形成整個社會的價值取向，從而以倫理感動達到社會治化，這就是殷人尊天地鬼神而以孝為教的用意。

關於能否「任賢」，也是道德的重要表徵。商湯任用伊尹方成大業，君臣相得益彰。「得」與「德」在甲骨文中通解，含有得義、得體之意。故賢明之人一般能順應歷史潮流，任賢也就體現出明德。《墨子．尚賢》謂：「伊摯，有莘氏女之私臣，親為庖臣。湯得之舉以為己相，與接天下之政，治天下之民。」伊尹在商初發揮了重要作用，使商朝有了一個好的開端，故得到世人稱頌，而商湯也就具有大德。武丁中興也是靠大力選拔人才方得以成功，他任命傅說為相就是大膽創舉，同時他還善於廣泛聽取臣屬的見解。正因如此，「武丁修政行德，天下咸歡，殷道復興」。可見所謂「德」即倡行天道，順從民意，商代「重孝」、「任賢」正是這一觀念的反映。

德治和禮治總是不可相分的，殷人從建國之初就已倡導「德治」和「禮治」，就以「德」和「禮」作為維護統治權力的中心骨幹。商代的「禮」和「德」更多地具有宗教意味，人間似乎是神鬼的樂園。因而「禮」多從外在形態上表示對鬼神的敬意，而「德」則更多地從內心修養上要求對鬼神的虔誠。當然，這也許是出於當時人認識的淺薄，也許是統治手段的需要，這總令人想起宗教的本質。但透過對神鬼的崇拜，借神鬼的威懾以維護社會的秩序，使人不敢放縱自己的言行，在當時可以說是有效措施。因為人還沒有認清自己的力量，還不敢與鬼神作對。但從商人崇神祀鬼的行為中，多少也可看到一些悲天憫人的訊息。隨著人的覺醒程度，對「天」的敬畏也就逐漸轉向對「人」的思考。

周人從思想意識角度總結了夏、商兩代的興亡教訓，他們在崇拜天的時候總是考慮到「德」的因素。在他們看來，夏、商的興起，是由於他們的先主敬德，而其最終滅亡也是由於他們的後王廢德。「皇天無親，唯德是輔」，周人之所以興起，也正是因為祖先能夠「積德興義」、「明德慎罰」。那麼「德」從何而來？周人認為，德主要從民那裡體現出來，即所謂「人無於水監，當於民監」，因而民心向背是唯一根本。「古先哲王，用康保民」，所謂保民，當然就不能像商紂王那樣一味酷虐，草菅人命，而應像周文王那樣秉文經德，恭奉天命。

西周時期在意識形態方面顯著的特點就是道德觀念更加濃厚，從「文、武、康、昭、穆、恭、懿、孝」等謚號來看，就都賦予道德含義，其評判標準不言自明。在這一方面，周公提出了個人德行至高的典範，他說：「自殷王中宗及高宗及祖甲及我周文王，茲四人迪哲。」而這四王中最聖明的又是周文王：「文王卑服，即康功田功徽柔懿恭，懷保小民，惠鮮鰥寡，自朝至於日中昃，不遑暇食，用咸和萬民。」周公推崇文王為後王學習的榜樣，所以要求周王從自身做起，以「保民」、「惠民」外得於人，以「敬忌」、「無淫」內得於己，唯有如此，方能奉天承運。

勤政愛民

周人是後起的部族，儘管其取殷而代之，但政治上的得勢並不能掩蓋文化的貧瘠。他們接受了殷人天神主宰的觀念，恭請上天保佑，祈求江山永固。但是周人對天的敬畏之情，已不同於殷人那種僵化的宗教迷信。他們思考，為什麼殷商被天遺棄，而周人得到青睞。他們一方面聲稱「皇矣上帝，臨下有赫，監視四方，求民之莫」，一方面認為人類的吉凶禍福都無法脫離天道所設之「德」，因而敬德便是從天，這就使虛幻的天命觀念變得具體而現實。以此來考察夏、商的命運，其最終滅亡的原因是「唯不敬厥德，乃早墜厥命」，所以周人得出「天命靡常」的邏輯結論。

提出這一觀點，顯然有其深刻的思考和政治的目的。天命既非固定不變，也非隨意更改，而有其「靡常」的內在規律。在這一規律支配下，天子要以德配天，依天行事，而「天」意說穿了便是「民」心，「天視自我民視，天聽自我民聽」，因而「用康保民，弘於天，若德裕乃身，不廢在王命」，「保民」就是「敬天」，「敬天」就是「厚德」，「厚德」乃保「王命」。殷商正是逆天而行，所以遭到天罰，這樣就警告殷商遺民，要承認天命已經轉移，不要輕舉妄動，要服從周人統治。同時也告誡周人，僅僅依

靠祭祀和祈禱無濟於事，「前車之鑒，後事之師」，殷人奉神可謂竭力，但終被無情拋棄。問題從宗教範疇轉到現實政治領域，提出「敬德」、「保民」才是「尊天」，可見周人對「天」遠沒有殷人那麼痴迷，而是顯得非常理智清醒，這可以說是一種文化上的進步。

周人認為只有敬德才能取得民心和天佑，保持統治權的延續綿長，因而反覆強調天命的歸廢轉移是以「人士」能否「保民」為依據。從《尚書》頗多周人內部相互告誡之詞的情況伯各卣即可看出，周人特別重視對內宣傳其虛於「祈天」而實於「保民」的「敬德」主張。這就有意無意地承認了民的存在終究要比天的神旨實在，把天與民的關係說成民為主而天為屬，無疑可以得出這樣的結論，即與其說是周人在神化天，毋寧說是周人在神化民。

周人所以如此強調「保民」，無非是歷史教訓和現實要求交相作用的結果。周人說文王「篤仁，敬老，慈少，禮下賢」，其實這也就是基本的道德要求，唯此文王特別受到敬重。出於保民的考慮，統治者要節制個人的物質生活慾望，因為他們看到夏桀、商紂正是因淫逸而亡國，所以節儉被視為美德。周人斥責那些不知稼穡之難也看不起勞動人民的青年，以此作為道德規範殊可珍貴。從西周墓葬也可看出，人祭、人殉明顯減少，體現出「仁」的意識的覺醒。對「爾心未愛」的貴族則加以批評，對「惠於庶民」的行為則給予讚揚，這固然有其本質的欺騙性，但不能諱言於民是有所顧忌的。「敬」原含警戒之意，有畏懼謹慎之心、無放縱淫蕩之行，才合恭敬之實。

由於周朝貴族是由部落頭領轉化而來，由小到大奪取殷商政權，先天不足也使他們缺乏氣魄。因而西周統治初時尚無那種華麗和暴虐，而具有樸實和謙虛的風尚，這從當時許多政治措施也可看出。武王伐紂一舉成功，正說明得道多助、民心所向。在其後的統治中，「如臨深淵，如履薄冰」，恰恰反映出一種「戰戰兢兢」的心態。周公「一飯三吐哺，一沐三握髮」，不難看到勤政愛民的精神。他在鎮壓反叛的同時，為維護社會的發展鞠躬盡瘁，從歷史角度講是有其進步意義的。至於後來下場不妙的暴君，則自食放任驕縱而失民失德的惡果。其實從整個中國歷史來看，這也是一個普遍現象，開國之主和亡國之君的命運可以說是一個令人深思的問題。周人從商人的神鬼陰影下走出，而看到陽光下的凡人，確實是聰明善良的。

尚禮重法

「德」屬於內在修養要求，而「禮」屬於外在行為規範，「德」與「禮」互為裡表，構成了人格塑造的內外統一。周人認為要完成禮治，必須加強養德，這樣社會秩序才會令人心服，因而禮制無疑促進了道德的深化又反過來有助於實現禮制。

體現在西周禮器上，周人與商人也自有異趣。商人禮器可謂一種奉神之器，周人禮器則含有一種戒人之意，禮器的固定化與社會的法制化是相適應的。周禮的思想和制度藏於尊爵鼎彝等神物之中，這種宗廟社稷的重器寓含著法律條文的內容，這與商人偏重祭神功能和含糊人倫界定有所不同。由西周宮室建築看，布局合理、規整、嚴謹，前堂後室連為一體，顯然是依照宗法禮制，將生活場所和政務場所結合，體現出完整、系統、嚴密的「家天下」特徵。在喪葬中，成批禮器也說明周禮的森嚴，其中尤以列鼎制度為甚。考古學證實，列鼎數目確因主人身分高低而有嚴格規定，其他隨葬禮器多少也有相應的配置數目，都能反映出墓主生前的地位等級情況。這一切表明，西周的禮制確實得到強化，而道德自然要遵循禮制所規定的角色、如僭越，即為違禮，不願安分守己而超越等級規定，便被視為道德品質出現問題，就會受到社會譴責。

由於周人堅持宗法制，殷人「孝」的思想也是「禮」的基礎。殷人固然強調「孝」，但沒有具體詳細的實施。而周人不但建立起「孝」的權威，而且制定出較為完備的條律。他們相信祖宗鬼魂的存在，以向先祖獻孝來加強周族的團結。同時對父母的奉養、服從、尊敬更切實地付諸日常生活中。因而，「孝」這一道德要求，成為周人重要的道德綱領。他們倡導敬祖，結合社會現實，道德規範具有能動性和有效性，使「天人合一」的宗教思想延展到「天人合一」的倫理思想。由宗教到倫理，是商周文化轉變的重要特徵。「以祖為宗，以孝為本」，家族血緣擴展到政治領域，自然形成合理有機的體制。

在宗法禮制日益完善的情況下，道德意識也深入人心。因而，在周禮的框束下，形成普遍的道德追求，以此建構起人人必遵的道德觀念，形成社會的有序運轉。誰若大逆不道，不管是貴族還是平民，「是可忍，孰不可忍」。

總而言之，周人的敬德保民還是要服膺天命，但比較一下《商書》和《周書》就會發現，二者在宣揚天命時所強調上天授命的條件是有差別的。《商書》在講上天授命給有德者以及有德者才能保天命時，德的內容重神而抽象，而《周書》所宣揚的周先王之德和訴說殷紂王的不德就重人而具體。周代形成的一套道德倫理規範，歸結起來不

外以「父權」為軸心的「社會倫理」和以「君權」為軸心的「政治倫理」，而這也正是天命的實際內容。他們極力宣傳所建立的一切社會政治制度都是天帝的決定，「天秩有典」、「天秩有理」，事實上是借用天命來神化社會的等級區分和人倫關係，遵從上天的命令和安排當然也是有德的表現。周人正是將天上人間結合起來，把「天命無常」和「敬德保民」連為一體，這體現出周人以德配天、注重人事的理性精神。只有周王有權祭天，那麼不管春耕秋收，他都要率臣民求佑謝恩，人們相信人事可以影響天神的那種巫術成分。因而人間治理得好，便以為天降福祚；人間治理得不好，便以為天降災殃。久而久之，周王一方面彷彿成為天神的化身，操持著天神的諸種事務，以君臨國家統率萬民；一方面又必須恭謹從事，以民為鑒，樹立起良好的社會風氣。正如郭沫若在《青銅時代》中所說，周人極端尊崇天的說話都是對殷人說的，而有懷疑天的說話都是周人對著自己說的，周人繼承殷人的天的思想只是政策上的繼承。也就是說，周人對天又懷疑又崇拜：懷疑只在統治集團內部講，強調「敬德保民」才是治國之本；崇拜則對全社會講，利用天命樹立自己的高大形象。這完全是統治上的需要，而恰恰也說明周人頭腦的清醒。

但是到了西周末年，隨著周王室的衰落和各諸侯國經濟、政治勢力的發展，人們的神權和王權意識都在削弱。勞動人民的逃亡反抗，新興封建勢力的擴張，王室貴族之間的內訌，使僭越違禮之事層出不窮，既衝擊著貴族專政的世卿世祿制，也不斷動搖著上帝的權威。人們對上帝的懷疑和詛咒，對自然界變化的唯物解釋，使西周以來的統治思想受到很大衝擊。在這種新形勢下，一方面統治者仍然宣揚自然變異是天在賞善罰惡，是人們違反道德規範的結果；另一方面，人們的天、德、禮、孝等思想觀念，則產生了巨大的動搖和革新。這樣，西周「敬德保民」的確曾帶來過欣欣向榮的國勢，但由於堅持不力，導致後世失政，最後造成西周覆亡。隨著統治機構的崩潰，天命受到詰問，而民本思潮由此而興，可以說西周的道德、秩序完成了其承前啟後的歷史使命。

建立在敬德保民基礎上的天神觀念，在西周時人們寧信其有不信其無。它一方面保留了自然界百神之長的身分，另一方面又是宗法禮制的保護者，自然屬性和社會屬性糾纏在一起分辨不清。這種情況使中國文化長久以來形成天人關係的難解難分，自然科學和社會科學總不能分道揚鑣，道德似乎便是一種天道與人德的結合。而由於西周天命神學的主要內容是為宗法國家作理論上的辯護，所以後來的中國文化對天命神學無論是繼承、改造還是批判，都是圍繞著對宗法制度的不同態度而展開。這種情形也就規定了中國文化以政治道德問題為主要內容，而不是把客觀解析自然萬象作為積極目標。儘管後

來不斷有人探究人主宰萬物的能量，但總是很難反撥歷史的巨大慣性。夏、商、周形成的扎實的文化基礎，實在造就了傳統觀念的深刻程度。歷代統治者祭祀地，表達出怎樣的一種東方文化的心態？

禮崩樂壞

王室敗落

西周末年，由於周幽王荒淫殘暴，寵幸褒姒，廢掉王后申后和太子宜臼，引起諸侯的不滿。申后的父親申侯於是聯合繒國和犬戎，進攻周王都鎬京。周幽王急燃烽火召諸侯救援，但各路諸侯因此前屢遭戲弄，拒絕應召。周幽王的軍隊大敗，幽王被犬戎殺死，褒姒被犬戎兵擄去，西周王朝就此滅亡。被周幽王廢掉的太子宜臼，在以申侯為首的其他諸侯擁戴下被立為王，這就是周平王。周平王鑒於王都的頹敗難以與驕橫的犬戎抗衡，於是年（西元前七七〇年）將王都東遷至成周（今洛陽），史稱「平王東遷」。因為成周地理位置相對在周王故都鎬京東邊，故將此後王朝名號稱為「東周」，而將此前的歷史時期稱為「西周」。

東周初期，周王室尚轄有方六百里領地。儘管與西周時相比，境況已大不如前，但仍不失天子名勢。因其是周王直系子孫，所以各諸侯國還將其作為天下共主，借其名號來提高自己的地位。但由於西周晚期以來的政治腐敗，朝綱不振，周王的名實遭到極大的損害，而藩鎮各地的諸侯卻羽毛漸豐，並不把周王特別放在眼裡，因此整個東周實際上就是王權日漸衰微而諸侯日益強盛的勢態。換言之，東周王朝不過是日漸空有其名號，而各路諸侯卻在這塊招牌下大顯身手，到最後，索性將這面破旗也扔到一邊而各行其是。因而東周的文化不是西周的平穩持續，而是在激烈動盪的局面中發生著質變。

周平王東遷後，庸碌無能，不思振作，反倒大權旁落，受制他人。鄭武公初因扶助平王東遷，自恃有功，位尊言重，但還能顧及王室名分。鄭莊公即位後，便不再以復興王室為意，而處處圖謀自身發展。平王晚年看到這種苗頭，想重用虢公抵消他的影響。但此事被鄭莊公得知，反而立即去質問周平王。作為天子的周平王卻矢口否認，深怕得罪鄭莊公，於是提金蓋金勺出交換兒子作為人質以取信。「周鄭交質」的後果，一方面加深了王室與鄭國的矛盾，一方面無形中降低了王室的威信。鄭國作為周初大國飛揚跋扈，而其他諸侯此時相對弱小也居心叵測，這無疑給王權削弱發出了不祥信號。

西元前七一九年，周平王死，周桓王立。桓王很想重振王綱，於是面對鄭莊公的專橫，採取強硬態度，仍準備起用虢公，以分鄭莊公的大權。這事又被鄭莊公知道，老謀深算的鄭莊公時時挑起事端以作爭鬥。周桓公不為所動，經過十幾年的努力，終於撤銷了鄭莊公王朝卿士的職位。鄭莊公於是不再朝王，公然不把天子放在眼中。在這種情況下，周桓王率領王室和衛國、陳國、蔡國的軍隊前去征討。鄭莊公也不示弱，在繻葛（今河南長葛）擺開軍隊與王師對陣。兩軍交戰，結果周王軍隊大敗。鄭國大夫祝聃竟瞄準周桓王射出一箭，中其肩頭。

作為地處中原的諸侯，且又是與王室十分親近的鄭國，竟敢對抗王師，射傷天子，應是「大逆不道」的行為，但當時並未有任何諸侯挺身而出表示譴責。鄭國的反叛實是給了天子一記耳光，而放出的冷箭更是將天子的威信射落在地。繻葛之戰是春秋初期周桓王為維護和恢復王權而進行的一次決定性戰爭，這場戰爭的勝負直接關係到東周王室的命運。此戰若勝，王室中興或許有望；此戰一敗，王室聲威盡成幻影。從此以後，天子更是徒有虛名，王畿領地也日益縮小，只能在風雨飄搖中苟延殘喘。

強權稱霸

本來隨著西周王朝的大勢已去，東周王室已被各路諸侯輕慢。加之鄭莊公憑藉自己有利的地位，聯齊結魯，攻宋伐衛，聲威遠颺，史稱「鄭莊小霸」。鄭莊公之後，儘管鄭厲公仍借「尊王」旗幟風光了一陣，但好景不長，齊桓公代之而起。

齊桓公名小白，是齊僖公（西元前七三〇年至前六九八年在位）之子。齊僖公死後，由長子襄公繼位。齊襄公是一個昏庸之徒，喜好酒色，誅殺無度，因而他的兄弟和群臣多往國外避難。公子糾在管仲保護下逃往魯國，公子小白在鮑叔牙的保護下逃往莒國。西元前六八六年，齊襄公被無知殺死，接著無知又被雍廩除掉，齊國君位出現空缺。公子糾和公子小白得知這一情況後，都回國爭奪君位。在這一爭鬥中公子小白取勝登上君位，他不計前嫌任用管仲。齊國自管仲任相後，推行改革措施，很快振興起來。當時北方山戎入侵，對中原造成極大破壞，迅速崛起的齊國以雄厚實力擔負起保衛華夏傳統的重任。西元前六六四年，齊桓公曾率領大軍救燕北上，但歸途中迷失方向，管仲讓老馬領路順利返回，「老馬識途」自此在傳統文化中為人津津樂道。救燕回國的第三年，狄人發兵攻打邢國（今河北邢臺縣境），齊桓公聯合宋、曹等國相救，不

但把狄人趕走，而且幫邢國遷到夷儀（今山東聊城西）。由於齊桓公的關懷，邢國人如回家般樂於遷往新地，「邢遷如歸」形象地表明了齊桓公的威望和仁愛。西元前六六〇年，喜歡養鶴的衛懿公無力抵抗狄人入侵戰敗身亡，衛都朝歌被狄人攻破，並遭到大肆劫掠，齊桓公又幫助流散的衛人在楚丘建都。由於齊桓公的妥善安排，衛人忘掉了滅國的痛苦，「衛國忘亡」形象地揭示了在齊桓公的庇護下衛國人的忘國喪志。齊桓公救邢存衛，大大提高了他的威望，成為中原諸侯的霸主。所以當楚國日益強大時，齊桓公義不容辭地成為華夏領袖而遏制其勢。由於楚國地處中原之外，對周王室大不恭順，到春秋時竟自稱王，因而被中原諸侯視為「南蠻」。魯僖公四年（西元前六五六年），齊桓公率領宋、魯、鄭、衛、陳、許、曹組成八國聯軍進攻蔡國，接著討伐楚國。楚國也不甘示弱，兩軍在陘地擺開陣勢。經過一番激烈的外交較量，雙方終於達成協議。這次會盟，阻住了楚國北上的勢頭，使齊國的地位更加鞏固提高。魯僖公九年（西元前六五一年），齊桓公與魯、宋、衛、鄭、許、曹諸國國君在葵丘（今河南蘭考、民權縣境）結盟，因齊桓公在周襄王繼位問題上給予大力支持，所以周襄王為表示感激特派使臣賜予祭肉，還特加優惠允準受賜時不必下拜，這實際上是承認齊桓公霸主尊位的表示。齊桓公在位四十三年，逐漸把黃河流域的諸侯聯合起來，為保衛華夏先進文明產生了一定作用。此時天下大政，實出齊桓。孔子說：「管仲相桓公，霸諸侯，一匡天下，民到於今受其賜。微管仲，吾其被髮左衽矣。」孟子說：「五霸，齊桓為盛。」對明君賢臣的霸業都給予十分的肯定，可見天下威權天子已失而旁落諸侯矣。

宋襄公在齊桓公死後，把逃到宋國的齊太子昭送回齊國繼位，安定了齊國局勢，並以此擺開了霸主的架式。他因禁心懷不滿的滕君，懲治會盟時遲到的鄫君，討伐未盡地主之誼的曹君，結果引起諸侯不滿。宋襄公見中原諸侯不服，於是想求得楚國的支持，結果在盟會時又大講信用而誤入圈套成為囚徒，幸虧其弟公子夷目團結宋人拒絕投降，宋國才避免了覆亡的下場。宋襄公回國後仍不思悔改、好大喜功，在起兵與楚國交戰時又迂腐不堪而大吃敗仗。其仁義之師顯然難以適應爭霸戰爭中的需要，因而他自以為是的宏圖大志也就成為世人的笑料。從中自然也可看出，因循守舊的觀念在時代轉型的現實中不堪一擊，而天子也無心無力去過問這紛紛擾擾的時事了。

晉國進入春秋時期以後，逐漸吞併周圍小國以擴大勢力，至晉獻公時已成北方大國。由於獻公寵愛驪姬引起內亂，晉國局勢一直動盪不安。直到晉文公回國執政，晉國才開始振興的轉機。恰在晉文公即位當年，周襄王的弟弟王子帶聯合狄人進攻周王室，周襄王被迫逃到鄭國的氾地避難。晉文公認識到這是「勤王」以「邀寵」的絕好時機，

於是出兵擊退狄人安定王室。晉軍活捉了王子帶，並迎周襄王回王都。周襄王把王子帶殺死，晉文公也得到了「尊王」的大旗。在周襄王款待晉文公的宴會上，晉文公曾提出死後按天子規格下葬的要求，雖未被周襄王答應卻獲得了大量的土地，晉國從此奠定了霸主的地位。迅速崛起的晉國又經城濮之戰打敗了北向爭雄的楚國，中原諸侯於是紛紛改換門庭。在踐土（今河南原陽縣西南）召開的結盟大會上，參加的有齊、魯、宋、蔡、衛、莒等國君，周襄王親自前往慰勞並策命晉文公為「侯伯」，即諸侯之長，可見天子徒有名分而不得不倚重於強國。

秦國經過長期發展，到秦穆公時已占有現在陝西境內的大部分土地。秦穆公「西取由余於戎，東得百里奚於宛，迎蹇叔於宋，來丕豹、公孫支於晉。」四方搜求人才，以圖施展大略。但由於東進之路被晉國阻塞，「秦晉之好」時斷時續，於是謀求向西發展。秦國根據由余的計畫，逐漸滅掉西戎諸國，開闢國土千里有餘。對秦穆公的勝利，周襄王特加祝賀，並賜金鼓嘉勉其稱霸西戎遮護天子疆域，實質上秦國完全是從本國利益出發，何嘗為天子考慮。西元前六二一年，秦穆公去世，用一百七十七人殉葬，反映出秦國落後野蠻的一面，秦國很有才幹的子車氏「三良」也隨穆公命赴黃泉。雖然從今天考古發現的秦國文物看，其都城的建築、國君的陵墓都規模宏大，但思想意識上畢竟不如中原地區發達。因而自穆公死後，終春秋之世，秦國也再無上乘的表演。

楚國是南方豪雄，諸蠻相繼歸服，其君熊通於西元前七〇四年率先於諸侯中稱王，表示出對周王朝的蔑視和不滿。其北上企圖先後受到齊桓公和晉文公的打擊，直到少年莊王即位後才一鳴驚人。時值齊、晉、秦等大國後繼君主皆才幹平平，因而也給莊王提供了有利的機遇。楚莊王八年（西元前六〇六年），大軍開進周王室的國土。周定王忙派大夫王孫滿前去慰勞，楚莊王卻向他打聽周王九鼎的大小輕重，毫不隱瞞覬覦王權的狂妄企圖。不久楚莊王勝晉服宋，赫然稱霸中原。因而楚國在莊王時期聲勢最大，但隨著莊王的去世，楚國霸業也中道而落。

弭兵峰會

春秋時期的爭霸鬥爭，主要是晉楚兩國。它們各有自己的屬國，形成兩大勢力集團。在長期的爭霸過程中，它們都企圖壓倒對方，占據有利的地位。而天子形同虛設，表面雖擺著架勢，內心卻不時地恐慌。春秋中期，晉楚兩國內部出現麻煩，所以晉楚兩國的矛盾相對變得緩和。在這種情況下，由宋國華元和向戌先後出來撮合了兩大集團的「弭兵」。

第一次「弭兵」是在晉厲公二年（西元前五七九年），在華元的奔走下，晉國的大夫范文子士燮同楚國公子罷、許偃，在宋國西門外結盟「弭兵」。盟約有三個內容：晉楚休戰並共同保衛雙方國土，開通兩個集團之間的道路交通，共同討伐背叛晉楚的國家。接著晉國的郤至到楚國簽約，楚國的公子罷到晉國簽約。

但此盟約也只維持了三年，兩國又發生爭端，因此爆發了鄢陵之戰。戰後，兩國內外局勢更加困難。晉厲公眼看晉國大貴族勢力抬頭，有壓倒國君的可能，於是殘酷打擊貴族勢力。而貴族勢力也並非軟弱可欺，於是演出了龍爭虎鬥的幕幕惡劇。晉厲公先誅殺了勢力最大的郤氏，接著卻被欒氏和中行氏聯合殺掉。欒氏殺掉厲公後，隨即成為眾矢之的。范氏趁欒氏家族內部產生矛盾率先發難，趕走其族長欒盈並誅殺其同黨。欒盈由楚到齊又回晉，在魏氏支持下打到國都，但後又失敗被滅族，於是晉國內部爭鬥更加緊張。

楚國內部也不安定，楚共王有五個兒子，他自己不立繼位的太子，卻將璧埋在宗廟殿堂內，讓五個兒子入廟拜祖由神決定，誰壓到璧誰就是繼承人。結果三人沾邊，兩人無緣，造成楚共王死後禍亂不已的局面。其時吳國在晉的支持下也強大起來，並參加了由晉主持的中原諸侯結盟，楚國在這種情勢下當然希望休戰。此時晉國趙武執政為中軍元帥，下令減輕給晉國的貢賦（這種貢賦原應繳納給周王，春秋時霸主代替了周王而納此貢斂），並針對各中小國厭戰情緒放風說：「武也知楚令尹，若敬行其禮，道之以文辭，以靖諸侯，兵可以弭。」

趙武的話很快傳開，宋國的左師向戌與華元一樣地位較高，又與晉楚兩國的執政大臣要好，所以最終促成第二次「弭兵」。西元前五四六年夏，晉國中軍元帥趙武、楚國令尹屈建和魯、蔡、衛、陳、鄭、許、曹等國的執政大臣，在宋國的西門外結盟休戰，在盟約中規定晉楚的從屬國要定期朝見對方的盟主，這就意味著小國要向兩家盟主繳納貢賦。可以說，天子早已被撇在一旁，霸主完全憑武力決斷天下大事。

「弭兵」盟會召開後，中原幾十年沒有發生直接的軍事衝突，各國有了一個暫時的和平環境。而各國內部貴族之間為爭鬥需要，則都採取了一些適應歷史潮流的改革措施。這樣，諸侯爭霸開始轉向國內兼併，新力量的崛起不由得使各諸侯擔心起來。

諸侯更遞

「弭兵」盟會後，各國相應整頓內部，但矛盾亦由此上升。從「禮樂征伐自諸侯出」，甚而轉向「陪臣執國命」的時代。

齊國大權由崔杼、慶封二人把持，西元前五四八年崔杼殺莊公立景公自任為相，齊國史官據實以記竟然被他殺死。後來慶氏乘崔氏家族內亂將其吞併自任「當國」，竟數日不上朝理政而讓有事者到他家請示。慶封專權僅一年便被其下屬趕下臺，經過走馬燈似的輪番表演，最終被深得人心的陳氏掌握了政權，此後姜姓齊國的政權危機也就日益臨近。

相對而言，鄭國子產的改革措施深受歡迎。最為出名的措施是他將法律鑄在鼎上公布於眾，這一做法受到很多持有保守觀點之人的攻擊。他們認為，法律應由官員掌握祕而不宣才好控制小民，倘若公布於眾百姓就會根據法律同貴族理論。子產取信於民而深得民心，百姓編歌謠唱道：「我有子弟，子產誨之。我有田疇，子產殖之。子產而死，誰其嗣之？」由此可看到子產遠天近人、輕君重民的先進思想。鄭國正是在子產執政時期，在內政外交上都取得了成功。他多次頂住了晉楚的強權壓迫，保衛了鄭國的利益和獨立的尊嚴。

宋國自襄公後積貧積弱，內患無窮。到宋景公時仍禍亂不已，其根本原因就是強宗大族擅權，政治因循守舊。宋景公晚年倦於上朝，無心聽政，由大尹上下其手，左右其政。景公死後大尹作祟，引起六卿強烈不滿，六卿立昭公為國君，並相盟說：「三族共政，無相害也。」既提出三族共政的原則，國君自然無權可言。

魯國政出「三桓」，更是人所共知的事實。孟孫氏、叔孫氏、季孫氏聯手將公室瓜分，三家把國君的土地和人民皆歸自己，而國君只能享受三家供給的殘杯冷炙，可見公室的卑弱。魯昭公不滿而起兵討伐，結果大敗而流亡國外，魯國怎能不到「民不知君」的地步？

衛國則在父子爭位的傾軋中，內親相欺，骨肉相殘，君臣上下爾虞我詐，反目成仇。引發兩次工匠起義，一君被殺，一君流亡，舊貴族走向崩潰，國人起而反抗，維繫舊秩序的禮教不斷受到重創而名存實亡。

楚國政局亦動盪不安，禍亂連連。從康王到靈王到平王，一個比一個殘暴狡詐，都是以陰謀手段篡權，而後又寵信奸佞，恣意妄為，因而國內賢能不是死於非命就是被迫出走。譬如楚平王寵信兩面三刀的小人費無極，致使楚國政治搞得一塌糊塗。費無極首先排擠掉擁立平王的功臣蔡太子朝吳，接著讓平王將太子建的未婚妻占為已有以挑撥其父子關係，又設計把太子建調出王都安置在城父。過了一年，他又捏造說太子建與其老師伍奢要謀反，平王本因奪了太子之妻懷有戒心，於是派人拘捕了伍奢並迫殺太子建。伍奢被捕後，費無極要平王斬草除根，導致國內政治更加腐敗。楚國執政對內失去民心，對外欺凌鄰國，致使國力每況愈下，根本無法與吳對抗。

吳國自伍子胥幫助闔廬物色刺客殺死吳王僚後，闔廬大權在握，卻也是能幹之君，他「任賢使能，施恩行惠，以仁義聞於諸侯」。伍子胥推薦伯嚭為大夫，推薦孫武為將，屢屢攻楚，使楚疲憊不堪，「楚於是乎始病」。最後郢都終於被攻破，相傳吳國君臣曾強以楚國君臣妻妾為自己妻妾以侮辱楚國。伍子胥則掘平王之墓，鞭屍三百，以報殺父之仇，楚國郢都被破之時，愛國之臣申包胥則到秦國請求救兵，秦人本不想救楚，申包胥靠著宮牆哭了七天七夜，終於感動哀公於是救楚。吳王闔廬亦被認為是春秋霸主之一不無道理，因為此時天下論威權而不重名目，天子只有側身一隅而心有戚戚矣。

正當吳楚爭霸爭鬥激烈進行時，越國也逐漸發展強大起來。越國曾在吳楚之戰時襲擊吳的後方，因而當年輕的勾踐即位時吳王闔廬發兵攻越，不料勾踐用計大敗吳軍，吳王闔廬被越將用戈擊傷，並於回軍途中死去。闔廬死後，其子夫差繼位，發誓要報殺父之仇，這就種下了吳越的仇根。西元前四九四年，夫差興兵伐越，越王被迫請和。此後勾踐臥薪嘗膽，休養生息，整飭內政，強化軍事，經過多年準備，終於夫差二十一年（西元前四七二年）攻破姑蘇城。夫差向勾踐請降稱臣，希望不要滅掉吳國，勾踐有些不忍滅吳，范蠡說：「謀之二十二年，一旦而棄之，可乎？且夫天與弗取，反受其咎。」於是勾踐拒絕了夫差的懇求，只答應以百戶為之養老，夫差認為這是對自己的羞辱，於是就拔劍自殺了。勾踐滅吳後，率越軍北渡江淮，同齊晉等諸侯在徐州相會，致貢於周元王。周元王派人賜勾踐祭肉，命為侯伯。勾踐率軍返回江南，儼然又是一位霸主。

此後越國實力大增，直到勾踐六世孫時，還興師「北伐齊，西伐楚，與中國爭強」。後來楚威王起兵擊越才將其打敗，楚國全部奪去被越國占領的吳國土地。越君被殺，諸子爭立，內部互相爭鬥，都向楚國臣服。

舊破新立

到春秋末年，兼併加劇。晉國卿族本有十一家，到晉出公時只剩四家。晉出公十七年（西元前四五八年），知、韓、趙、魏將范氏、中行氏的土地私自瓜分而不給晉國公室，晉國君對此十分惱怒，但自己又無力懲罰他們，於是向齊國和魯國求援，想借齊、魯軍隊討伐四卿。四卿於是聯合起來先向晉君發動攻擊，晉出公倉惶逃往齊國，結果在半道上死去。此時知氏勢力最大，聯合韓、魏又圍攻恃強的趙氏，趙氏危在旦夕時聽從謀士建議，聯合韓、魏反攻知氏，結果將知氏首領知伯瑤活捉殺死，三家瓜分知氏領地，這一年是西元前四五三年。三家滅知氏後，晉國君幽公只保有國都絳及曲沃兩地，

十分畏懼，反而要去朝拜三家。周威烈王二十三年（西元前四〇三年），韓、趙、魏三家被承認為諸侯，晉國不復存在。

與此同時，齊國田氏也大權在握。田常殺齊悼公立齊簡公，又殺齊簡公立齊平公，自任為相專斷國政，實際上已奪取了姜齊的政權。同時，田常對外與諸侯交好，對內誅殺強橫大族，使齊國內外安定。田氏私邑超過平公食邑，又大選美女充作妻妾，據說死時有子七十餘人，儼然齊國國君派頭。到田常的曾孫田和時，他把齊康公趕到海上，然後請求魏武侯幫助他立為諸侯。魏武侯派人向周安王說情，周安王也就同意，於是齊康公十九年（西元前三八六年）田和立為諸侯。

三家分晉和田氏代齊，從表面看好像是統治階級內部的奪權之爭，實際上是新的封建勢力對舊的貴族勢力的征服。從周平王東遷始，周王朝就綱常不振。西周時建立的宗法制度到東周時諸侯稱霸的境況下日漸崩潰，而周天子也不過成為毫無實權的傀儡，名存實亡。諸侯們初時還顧及天子的臉面，假惺惺地供奉著身不由己的共主，這不過是畏懼承擔傳統意識下的惡名，害怕遭到天下共討之的惡運；同時也不能說沒有維護傳統觀念的因素，假天子之名行擴張之實。隨著時代的進步和社會的發展，新起的豪強顯然不能墨守陳腐的舊規，因而「禮崩樂壞」也就是無可逆轉的趨勢。隨著這一趨勢的演進，諸侯內部也必然面臨變革，上行下效，始亂終棄，先進生產力的代表打破落後的舊體制也就順理成章。因而，「落花流水春去也」，「只道天涼好個秋」，或許令人產生無限的感嘆。但歷史畢竟鐵面無情，它按照自身的規律走著自己的道路，而這一切映現在中國文化上便印下它蒼涼的軌跡。

文化一統

皇帝名號的確立

西元前二二一年，強秦掃滅六國，實現了幾代君主夢寐以求的夙願。秦王嬴政（西元前二五九年至前二一〇年）在勝利的喜悅中，為了顯示自己的豐功偉績，突出自己至高無上的權力地位，遂令群臣討論君主尊號問題。儘管博學多才的官員們歌功頌德地提出「泰皇」稱謂，但秦王嬴政並未完全採納群臣的意見，而是只採用了秦始皇像個「皇」字，又下加一個「帝」字，「皇帝」於是成為至尊的稱號。由於這是秦朝歷史上的首位皇帝，故又稱「秦始皇」，以標榜開新天下的功業。

「皇帝」稱謂的出現，絕非帝王名號簡單的變更，它反映了一個新的王朝誕生，一個新的統治建立。「皇」謂遠古傳說中英明蓋世的部落酋長，「帝」謂人們想像中主宰萬物的最高天神，「皇」、「帝」連稱，是表明德高三皇，功過五帝，擁有極高的權勢。與此同時，秦始皇還採取了其他一些把皇權神聖化的措施，如廢除古代的「謚法」制度，不准下一代皇帝為前一代皇帝定「謚號」；把一些常用字眼定為皇帝的專用名詞，如稱命為制，稱令為詔，稱印為璽，稱己為朕，不准僭用。

自此以後，「皇帝」便成為中國歷代封建君主的專用稱謂，那些強化皇權的規定也成為世人不可冒犯的律條。直到辛亥革命推翻清朝的最後一個皇帝，綿延中國長達兩千餘年的封建帝制才被徹底廢除。

封建體制的構設

秦朝在確立「皇帝」尊號的同時，為了有效地加強國家機器的正常運行，總結了戰國以來各國的官僚制度，建立起一套適應封建統一國家需要的中央政府機構和嚴密的郡縣行政。

在中央機構中，實行「三公九卿」制。「三公」，即丞相、太尉、御史大夫。「九卿」，即廷尉、治粟內史、奉常、典客、郎中令、少府、衛尉、太僕、宗正。「三公」中丞相輔佐皇帝處理全國事務，太尉協助皇帝掌管全國軍隊，御史大夫掌圖籍章奏及監察百官。「三公」之間互不統屬，直接隸屬於皇帝，便於皇權集中。「三公」之下的「九卿」中，廷尉掌司法，治粟內史掌財政，奉常掌祭祀，典客掌外交關係，郎中令掌皇帝侍從，少府掌皇室收入，衛尉掌宮廷警衛，太僕掌宮廷車馬，宗正掌皇族事務。無論「三公」還是「九卿」，均由皇帝任免調動，一律不得世襲。

中央政府機構之下，秦朝全面推行郡縣制度。這是秦始皇採納李斯建議而廢除封國建藩傳統做法的一個創舉。這項制度符合專制皇權和天下統一的要求，形成廣大有序的封建統治網路。郡設郡守、郡尉、郡監，其組織機構與中央政府略同。郡以下設縣，萬戶以上的縣設縣令，不滿萬戶的設縣長。令長為一縣之首，掌全縣政務，受郡守節制。下設尉、丞，尉掌全縣軍事和治安，丞為令、長的副手，掌全縣司法。偏遠地區則設道，由嗇父掌事。縣以下則設鄉、里和亭。鄉設鄉官，如三老、嗇夫和游徼，分掌教化、稅收和治安。鄉以下為里，里設里正或里典，負責行政事務和組織生產。此外還有司治安、禁盜賊的專門機構亭，亭設亭長。秦初始將全國分為三十六郡，後隨邊境的不

斷開發增至四十郡。

透過層層政府的有效轄制，秦朝將天下權力彙集中央。這無疑強化了中央對地方的控制和管理，為中央集權統治提供了有力保障。但過於周密苛細的管理制度，也嚴重地束縛了各地的活躍因素。尤其是秦朝的嚴刑酷法、橫徵暴斂，不僅沒有使秦始皇達到傳位永世的預想，而且在他死後不久天下就分崩離析、改朝換代了。

秦始皇在政治上強化中央集權，在經濟上也採取相應的嚴厲措施。首先，皇帝擁有至高無上的財政大權，丞相參與國家經濟政策的制定並貫徹實行皇帝的命令，各郡縣則負責治內的徵收租稅和徵發勞役。每年各級政府都要上報國家財政情況，經核實後評定政績優劣給予獎罰。據《睡虎地秦墓竹簡》所載，縣級首長必須及時檢查縣屬官員的財物與帳目，如有虧損必須賠償，另外還要供應來縣辦事的中央官員的口糧。可以說，郡縣實際任務就是為皇帝搜刮百姓脂膏，還要鎮壓他們的不滿和反對。秦代嚴密的財政分工，嚴厲的財政立法，嚴格的財政監督，嚴明的財政獎懲，繼續承襲著戰爭年代秦國的財政體系而發展，但顯然有些方面已經不能適應和平建設時期大一統帝國的要求。更為可悲的是，秦代統治者不但沒能進行政策的及時調整，而且其種種暴虐行徑使財政機構不能正常行使職能，甚至使生產管理系統處於癱瘓狀態，後果當然不可料想。

其次，制訂土地政策，確認土地私有。秦始皇三十一年（西元前二一六年）頒布「使黔首自實田」的法令，令全國民眾向國家呈報占有耕地的實數，國家據此進行土地登記並徵收田租。這項政策意味著私有土地受到封建政權的保護，象徵著封建土地所有制的確立。這不僅是秦國土地制度發展的必然結果，而且是對各國土地制度發展現狀的概括和總結。《史記．秦始皇本紀》載琅刻石曰「六合之內，皇帝之土」，說明皇帝即國家對全國土地擁有最高所有權。而「使黔首自實田」，又說明皇權已承認全國臣民擁有土地的世代繼承和支配權。由此形成中國封建社會土地占有的兩極結構，它既不是完整的國有制，也不是完整的私有制，而是國有與私有的綜合體，這就使土地所有權具有不定性和流動性。土地所有權被國家和私人雙方分割，表面上看全體社會成員有了人身自由，實際上民眾還要依附土地提供賦役。「人跡所至，無不臣者」，足見封建土地制度是鞏固封建統治的有效手段和經濟基礎。

再次，為了加強對天下臣民的控制，維護封建政權的長治久安，秦始皇實行遷徙豪富與移民實邊的運動，直接調配全國人口。就在秦始皇統一天下的當年，「徙天下豪富於咸陽十二萬戶」。把天下豪民置於首府直轄之下，不但消除了動亂的隱患，同時加強了關中地區的經濟優勢。可見這種「強幹弱枝」之術，實是強化了中央對四方的多重控

制。隨著邊疆地區的不斷擴展，秦始皇又更大規模地進行移民實邊活動。秦始皇二十八年（西元前二一九年），「徙黔首三萬戶琅臺下」。三十三年（西元前二一四年），任蒙恬北逐匈奴，沿黃河一帶設置四十四縣，「徙謫實之」。在南部則略取「桂林、象郡、南海，以逋遣戍」。這些措施有利於鞏固、開發邊疆，也促進了各個民族的交流與融合。但由於遷富豪、罪民活動過急過猛，完全依靠封建政治強制推行，沒有顧及到遷徙者的經濟利益，故使天下動搖，民怨沸騰，陳勝、吳廣起義便由此而發。

又次，面臨戰國以來長期分裂、各自為政的混亂局勢，秦王朝為便利各個地區之間的經濟交流，使國家的財政職能正常運轉，於是下令統一全國的經濟計量。六國貨幣被廢止，代之以在秦幣基礎上進行了加工的貨幣，使天下通行。《史記．平準書》載：「及至秦中，一國之幣為二等。黃金以鎰為名，為上幣；銅錢識曰半兩，重如其文，為下幣。」近年來，考古發掘出土的秦代「半兩」錢較多，在秦始皇陵兵馬俑坑及刑徒墓中，就出土「半兩」錢六百餘枚，皆為方孔圓錢。統一幣制後，克服了貨幣形狀、輕重不同的弊端，解決了使用、換算上的困難，有利於商品交換和財政秩序，同時也促進了經濟領域的行為規範。而秦之半兩圓錢的式樣，因其形體美觀，使用方便，成為漢代及後世銅錢的濫觴。秦始皇還鑒於戰國時代各國實行的度量衡制差別較大，於是下令廢止各國混亂的計量，以商鞅變法時期的度量衡製為標準，頒行全國。如傳世的商鞅方升上刻詔書，為統一度量衡的標準量器。秦朝還製造了許多新的標準器具，刻上詔書銘文發至全國各地，今陝西、甘肅、山西、河北、河南、內蒙古、遼寧、吉林、山東、江蘇等地均有發現。可見秦代推行統一度量衡的工作確實雷厲風行，此舉無疑是加強中央集權對全國經濟控制的重要手段、貨幣的規範化和衡器的統一化，有利於促進社會經濟整體化，當然更有利於促進國民的共識和國家的發展。

與政治、經濟的要求相適應，秦朝確立了軍權高度集中、軍隊高度統一的軍事領導體制。皇帝既是國家首腦，也是全軍統帥。所有將官由他親自任命，所有軍隊也由他全面掌握。同時嚴格執行璽、符、節制度，即蓋有皇帝御璽的軍令才有效，持有完合的虎符方能調兵，打著朝廷頒給的旌節行軍才能無阻。三者缺一不可，否則不能生效，以此保證軍權不失。

太尉秉皇帝之命統領全國軍隊，但他也只有帶兵權，沒有調兵權和發兵權。遇戰事由皇帝直接任命領軍作戰的大將，戰事畢即回朝交解兵權。秦朝除統軍屯守邊塞的大將外，軍事將領均不專兵，以免他們擁兵自重。透過這種高度極權化的軍事領導體制，使全國軍事力量都受皇帝控制。這種兵制為以後歷代封建王朝繼承發展，成為維護極尊皇

權和天下安定的威懾手段。

秦朝兵役制度規定，凡成年男子都有當兵的義務。男子十七歲均須到當地政府登記註冊，註冊之後就要開始服兵役或徭役。一般先在本郡服兵役一年，接受訓練執行任務。然後再按武士徧徵調次序，到京師或邊疆服兵役一年。除此之外，每個適齡男子，每年還需在本郡縣服役一個月，主要擔負修築城垣、道路、宮苑以及物資的運輸等。服役期限則按軍功授爵制度，依爵位大小決定免役的早晚。這種普遍徵兵制度對後世影響很大，但具體實施中往往根據皇帝意願執行。

秦軍分中央直屬部隊和地方郡縣部隊兩大部分。中央直屬部隊又包括皇帝侍衛部隊、京師衛戍部隊和邊疆戍守部隊，地方郡縣部隊主要接受軍事訓練和負責地方治安，也是中央直屬部隊的補充和後備。秦軍的編成以陸軍為主，陸軍又分車兵、步兵和騎兵三個兵種。秦時車兵在戰爭中仍擔負著重要任務，進攻時衝鋒陷陣，打亂敵軍隊形；防禦時，布成陣壘，阻滯敵軍衝擊。步兵為秦軍主要兵種，選勇敢健壯者經正規訓練而成。秦軍步兵依武器裝備，分輕裝步兵和重裝步兵。輕裝步兵不穿鎧甲，持弓、弩等兵器，戰時居前排，放箭殺傷遠距離之敵；重裝步兵身著鎧甲，戰時先居輕裝步兵之後，待接近敵人時，以戈、矛、鉞、殳等長兵器與敵人拚殺。這種兵力的分設組合，是中國軍制史上的一大進步。秦軍騎兵主要配合車兵、步兵協同作戰，尚不能獨立完成作戰任務。秦軍作戰時採用車、步、騎諸兵種混合編隊，彌補各兵種所短，發揮各兵種所長，是當時較為先進的陣法。

秦軍的武器裝備也很精良。戰國時出現的弩機此時更為完善，矛、劍的尺度也加長。將士身穿的甲衣已由金屬葉片製成，並依不同兵種有不同的形式。秦軍作戰能力明顯提高，無疑成為封建集權國家的堅強支柱。

統併舉措的實施

秦始皇為統一人們思想，採取一系列文化措施，形成大一統的壯觀局面。

第一，整頓文字的雜亂，建立規範的書體。戰國之時，文字異形，造成各國文化交流的不便。尤其是秦統一天下後，妨礙了中央政府的法令條文的有效推行。因此秦始皇把統一文字作為當務之急，泰山刻石責令李斯等人對文字進行整理。李斯以秦國文字為基礎，汲取六國文字中筆畫簡省的優點，創製出一種形體勻整劃一、線條圓轉流暢的新文字，稱為「秦篆」，又稱「小篆」。這是「取史籀大篆，或頗省改」之後的新成果，作為官方文字頒行全國。與此同時，獄吏程邈因罪入獄，根據當時頗為流行的通俗字

體，潛心創造出一種更為簡便的文字。他將小篆的瘦圓字形改為橢方，勻連筆畫改為斷折，書寫更為便利，很受徒隸歡迎。這種字體流布開來，被人稱為「隸書」。兩種形體的文字在當時都得以推廣，但小篆作為書寫皇帝詔書和官方文件的標準文字，而隸書主要用於非正式文件的日常抄寫。不過此時的「隸書」是指秦隸，可以視為「小篆」的簡率寫法，因而字體、筆勢仍帶有篆意。這與後來的「漢隸」不同，「漢隸」字形再變為扁平，筆畫再變為粗肥，改變了漢字形、筆的面貌，提高了書寫的效率。漢字由此擺脫了圖畫性質，成為純粹符號性的方塊字。然而秦始皇時的小篆、隸變畢竟是漢字歷史上的一大變革，推動了漢字發展的步伐。許慎《說文解字》中提到，秦始皇時定書體為八種，稱「八體」，即大篆、小篆、蟲書、隸書、刻符、摹印、署書、殳書。其實，後四種是因用途而別，前四種才是不同字體，其中又以小篆、隸書最為流行。秦始皇下令統一和簡化漢字，為推行法令、傳播文化造成了重要作用，同時也為消除方言差別、區域隔閡以及促成中華民族的共同心理做出了貢獻。

第二，打破關塞壁壘，修整交通要道。戰國之時，紛亂不息，諸侯互相防範，修築了眾多的隘卡和城堡。各國車輛形制不一，道路寬窄有異，交通十分不便。秦始皇吞併六國後，這種局面嚴重影響了中央集權對所屬各地的控制，因而下令拆除各種障礙，並定車寬以六尺為制。秦始皇二十七年（西元前二二〇年），開始修建馳道。馳道以咸陽為中心，主要有三大幹線。一條向東直透過去的燕、齊地區，一條向南直達吳、楚地區，還有一條向北為加強對匈奴的防禦而築。馳道寬五十步，平坦堅實。道旁每隔三丈，植樹一株。除此之外，還在今雲貴地區修「五尺道」，在今湖廣地區修「新道」，使西南和東南地區加強了同中原的連繫；秦始皇在完成統一大業後，為了顯示其煊赫的功德，就開始了在全國各地的巡行。從稱皇到去世的十一年中，他興師動眾地在全國巡行五次之多。第一次巡行是從咸陽向西北，意在向邊郡宣揚國威。第二次出函谷關至泰山行封禪大禮，又至之罘、琅立碑記德。第三次經博浪沙時遭到韓國貴族張良收買的義士狙擊，但其不「為盜所驚」，仍悠哉游哉。第四次沿魏、韓、趙國界至碣石，照例刻石記功而還。第五次下東南上會稽山祭大禹，取道臨淄西歸，由於旅途疲乏勞累和平時縱情淫樂，身體虛弱一病不起。秦始皇的巡行對威懾舊有貴族勢力、鞏固新興封建集權產生了重要作用，而借此拆除壁壘、修建馳道形成四通八達的交通網路則有利於全國各地的連繫，這無疑促進了中華民族的凝聚和中國版圖的統一。

第三，加強法制觀念，整肅人倫綱紀。秦始皇統治一個前所未有的封建大國，必須依靠完備的法律來鞏固社會秩序，並以系統的倫理規範人們的心理。秦時法綱嚴密，條

目繁雜，為中國歷史上所少見。秦律幾乎對人民生活的一舉一動均作出明文規定，進行嚴格限制並對違者治罪。秦國自孝公任用商鞅變法始，就強調法律的尊嚴和無情。《史記·商君列傳》載：「令民為什伍，而相收司連坐。不告奸者腰斬，告奸者與斬敵首同賞，匿奸者與降敵同罰。民有二男以上不分異者倍其賦，有軍功者各以率受上爵，為私鬥者各以輕重被刑大小。」其後歷代條文不斷充實、苛細，如「敢有挾書者，族」，「有敢偶語者，棄市」，甚至連穿鞋都作規定，致使百姓「毋敢履錦履」。百姓一旦觸動法律，往往輕罪重罰。朝廷認為只有用刑才能杜絕犯罪，因而秦代酷刑甚多，如「黥」、「劓」、「笞」、「戮」、「宮」、「梟首」、「棄市」、「腰斬」、「剖腹」、「族誅」、「連坐」等，既有古代舊刑，也有自己新創。秦代據五行說從水德，也是實行嚴刑酷法的一個原因，並借法律條款矯正陋俗蠻習。秦國本較落後，自孝公以來，善用人才，勵精圖治，移風易俗，循法務實，社會風氣很快扭轉。秦始皇為整肅人倫，「以吏為師」，「以法為教」，之罘刻石勒寫「建立法度，顯著綱紀」以歌聖明，會稽刻石嚴令「禁止淫佚」以糾蠻俗。秦時還在各地設置專掌教化的鄉官，負責道德思想的宣傳教育。由於秦代法制過於苛刻，一方面鎮壓了社會的不滿情緒，但另一方面也激化了遺留的歷史矛盾，自詡為「大聖」的秦始皇因而留下「暴君」的聲名。

第四，征服邊境民族，擴展中華地域。自古以來，華夏族位居中原，在與其他少數民族的交往中，加強了互相之間的了解和融合。秦滅六國後，在此基礎上，建立起統一的多民族國家。居住在中國東南沿海地區的越族，因為他們的分支很多又稱「百越」。百越地區與中原地區有著許多不同的文化特徵，其中如「斷髮紋身」、「鑄銅為鼓」以及「無嫁娶禮法」。秦始皇二十四年（西元前二二三年）滅掉楚國後，繼而降服了居住在浙江一帶的越族，建置會稽郡。接著又征服了福建境內的閩越，設立閩中郡。後又進攻兩廣地區，最終攻取南越並設三郡。又遷五十萬人戍守五嶺，與越人雜居，雙翼神獸從此嶺南地區與中原地區緊密連繫在一起。西南夷也有數十個少數民族，他們自成部落，很少來往。秦始皇派人修建了一條通往雲貴地區的「五尺道」後，將陝、川、雲、貴連成一片，使這些少數民族成為中國多民族大家庭中的成員。匈奴則是中國北方的游牧民族，他們仗恃騎兵行動迅速的優勢，經常深入中原搶掠財物。秦始皇為解除這一威脅，派大將蒙恬率三十萬大軍向河套征伐，一舉奪回被匈奴占領的河套地區。為鞏固對這裡的統治，秦始皇還遷內地人三萬戶到此屯墾。這次大規模移民有效地制止了匈奴的南下侵擾，並促進了這裡的資源開發和民族融合。在與匈奴的爭鬥中，秦王朝為免邊患，於秦、趙、燕舊長城基礎上，修築起一條西起臨洮東至碣石，綿延五千餘公里而舉

世聞名的長城。長城對於抵禦匈奴的騷擾、保障境內的安定具有重要意義。這樣，秦朝完全徹底廢除了周代以來的封邦建國制度，將東至大海、西達隴右、北抵陰山、南越五嶺的遼闊版圖統一於中央朝廷的權勢之下，形成多民族大帝國的一統空間。

第五，焚書箝制思想，坑儒弭止誹謗。秦始皇統一天下後一系列改革措施並非一帆風順，當初以丞相王綰為首的一批官吏就主張分封制，只是廷尉李斯持堅決反對態度。他認為，分封制只會造成諸侯紛爭的惡果，只有徹底廢除才能免除禍亂。秦始皇採納了李斯之見，認為「立封國」就是「樹敵縣」，於是在全國確定了郡縣制。事隔八年之後，於秦始皇三十四年（西元前二一三年）在咸陽宮舉行的盛大宴會上，這個話題又被重新提起。當時僕射周青臣在為始皇祝壽時，稱頌始皇「神靈明聖」，「自上古不及陛下威德」，並說始皇「以諸侯為郡縣，人人自安樂，無戰爭之患，傳之萬世」。秦始皇很高興，但博士淳于越針對周青臣的阿諛奉承當場批評說：「臣聞殷周之王千餘歲，封子弟功臣，自為輔枝。」、「事不師古而能長久者，非所聞也。」丞相李斯當即進行反駁，他指斥淳于越為「愚儒」，譴責儒生們「不師今而學古，以非當世，惑亂黔首」，「人則心非，出則巷議，誇主以為名，異取以為高，率群下以造謗」。他認為這樣一群儒生是一種危險勢力，建議始皇堅決制止他們的非法活動，並提出了焚書的具體建議：「臣請史官非秦紀皆燒之。非博士官所職，天下敢有藏詩書百家語者，悉詣守尉雜燒之。有敢偶語詩書，棄市。以古非今者，族。吏見知不舉者，與同罪。令下三十日不燒，黥為城旦。所不去者，醫藥卜筮種樹之書。若欲有學法令，以吏為師。」秦始皇批准了這個建議，於是在全國點燃了焚書的烈火。就在焚書的次年，又發生了坑儒的事件。起因為秦始皇在享有極尊崇的地位和極富貴的生活後，十分怕死，他大興土木，修築阿房宮和驪山墓，並在方士的蠱惑下異想天開地要尋求長生不死之藥。侯生、盧生見始皇殘暴，怕因大言不能兌現被處死刑，於是誹謗始皇「為人天性剛戾自用」，「專任獄吏，獄吏得親幸」，「上樂以刑殺，為威天下」，「天下之事，無大小，皆決於上」等等，並藉口求仙藥而去。始皇知後盛怒不止，遂以「妖言以亂黔首」之名進行追查，其後親自圈定四百六十餘人活埋於咸陽。焚書坑儒是秦始皇鎮壓政治上的反對派的嚴厲舉措，目的是扼殺先秦以來的諸家學說，封堵現今之世的噪雜口舌，這對鞏固封建中央集權的穩定的確具有極大的效力。但這種極其殘暴的手段也帶來十分嚴重的後果，它使先秦大批文獻古籍付之一炬，給中國文化造成重大損失，同時使春秋以來蓬勃興起的自由思索精神，遭受一次致命的打擊。

秦始皇的一系列暴政、酷斂、專制和荒淫建立在飽受戰亂的華夏廢墟上，固然以不

可一世的氣焰振策於六合、稱雄於海內，將諸侯割據的分裂局面重又一統起來，但是由此也激化了社會矛盾，促發了動亂。尤其是秦二世陰謀篡奪帝位之後，更為殘忍昏謬。他採取「滅大臣而遠骨肉」的手段，推行「殺人眾者為忠臣」的政策，更使天下不勝其苦、不堪其虐，終於導致了中國歷史上第一次農民大起義，秦王朝於是在風雨飄搖中壽終正寢。

隋唐治策

中國古代封建社會發展至隋唐五代時期，各項制度在總結前代經驗的基礎上更加成熟起來。隋唐五代政權的核心成員或多或少都帶有胡漢傳統文化融會的基因，也正是由於這種基因才創造出化南北於一體的社會管理機制。儘管北朝統治一切承傳著拓跋鮮卑的積習，但在漢化過程中積極吸取了漢族管理的有效方式。而南朝政權儘管地處江南，在玄風流布的大勢中也感受著北地傳來的新鮮氣息。雖然北方的強悍取代了南方的柔弱，但漢族的先進機制也更移著胡人的粗蠻心理。這樣，在隋文帝一統天下後，也就形成了南北整合、效益顯著的新型政體和治化方略。隋唐五代時期建立起來的行之有效的制度，不僅推動了文化的發展和社會的進步，而且對此後的歷代統治都產生了深遠的影響。

中央

在中央機構方面，隋文帝首先進行了重大改革。中國夏商時代，巫史和王族是官僚機構中的主要成員。西周時期，宗族勢力提高，巫史地位下降，形成龐大的政事寮輔佐天子處理天下政務。秦漢時期，建立起以三公九卿為主體的官制，封建官僚體制模式基本形成。魏晉南北朝時尚書省、中書省、門下省三省制度漸成規模。至隋文帝，廢除了北周仿效《周禮》而設置的「六官」，繼承和健全了魏晉南北朝以來的三省六部制，其後遂成為中國封建政權的基本模式。

所謂三省，即中書省、門下省、尚書省。三省長官均為宰相，但職責又各不相同。他們共同對皇帝負責，這主要是防止各省長官專權。中書省是決策機構，負責草擬和頒發皇帝的詔書。門下省是審議機構，負責審核和評議國家的政令。尚書省是執行機構，負責貫徹天子旨意和處理天下事務。尚書省又下設吏、戶、禮、兵、刑、工六部，分司官員考核、戶口賦稅、禮儀教育、軍政戰事、司法訟訴、工程營建等方面事宜。六部

之外，其他事務部門還有九寺五監。九寺是太常、光祿、衛尉、太僕、大理、宗正、鴻臚、司農、太府。五監是國子、將作、少府、軍器、都水。由於尚書六部分主各門行政，九寺的事權受到削弱而僅限專管。如太常寺分管皇家宗廟儀禮，光祿寺為皇帝出謀劃策，衛尉寺掌管宮廷警衛，太僕寺掌管皇帝車馬，大理寺掌管刑獄，宗正寺掌管皇族事務，鴻臚寺主管朝賀慶吊，司農寺掌管農業財政，太府寺掌管財政收藏和手工製造。唐太宗時，因其當過尚書令，故改用尚書省的左右僕射為宰相。各部的長官稱尚書，副職為侍郎。部下設司，司長為郎中，副職為員外郎。

三省六部制既有明確分工而又互相配合牽制，加強和鞏固了皇權，提高了行政效能，適應了時代要求。三省六部制也多少可以遏制皇權的失誤，防錯糾偏，補缺拾遺，因而是當時先進而開明的政制。隋初及唐初三省六部制良性運轉，也就促進了國家的興旺發達。但其遭到破壞之時，國家政治就會出現偏差。盛唐以後，皇帝多不信宰執，也是因為宰執日益專權。故又出現樞密使一職，由宦官擔任，此後朝政每況愈下。不能否認三省六部制在歷史上的進步作用，唐太宗、唐玄宗前期用人得當，故成太平盛世。至於後期有所懈怠，以致昏昧失政，正是封建社會難以盡除的病根。「人治」大於「法制」，一切由皇帝說了算，因此天下繫於一人之手。三省制對皇帝威權有所約束，以致宰相擅權飛揚跋扈，也是皇帝有所不安的心病。因而君臣之間的微妙關係歷來取決於各人的素質，三省六部制卻大體一直沿用下來。

地方

在地方組織方面，隋唐時期也有重大變化。西周初期，受封諸侯可謂周朝的地方長官，但其又不同於秦以後的地方長官，因為他可以在封國內仿照王室的官僚制度設置百官有司。春秋戰國時期，一些國家在邊遠或兼併之地設置郡、縣，派官吏進行管理，開始產生真正的地方長官郡守和縣令。秦始皇統一中國後，實行郡縣制，建立起真正意義上的中央集權。漢代地方長官也是郡守和縣令兩級，而在京師設京兆尹、左馮翊、右扶風三種官職，稱為三輔，相當郡守。漢武帝時，設十三部州刺史，為監察官性質。成帝時改稱「牧」，成為事實上的一級行政區域。這種縣令、郡守、州牧三級地方長官體制，一直通行於魏晉南北朝時期。

至隋文帝，改行州、縣兩級制，廢去了郡的建置，併合併了不少州、縣。經此調整，裁除了大批冗官，行政區劃簡明。在州、縣屬吏的任用方面，隋文帝又廢除了秦漢以來地方官就地自聘僚屬的舊制，規定凡九品以上的地方官吏，一律由吏部任免，並每

年進行考核，即所謂「大小之官，悉由吏部；纖介之跡，皆屬考功」。又規定州、縣佐官要三年一換，不許重任，而且必須選用外地人，本地人不得就地為官。這些措施簡化了地方的行政機構，把任免地方官屬之權收歸中央，有利於打破舊有的地域觀念，強化中央對地方的控制。

唐代又設道，猶如漢初設州，作為對諸州的監察區，道的長官為觀察使。唐代還在邊鎮地區設都督府，長官為都督，後稱節度使。唐中期節度使制度行於內地，節度使又兼州刺史之職，手握軍、政大權，成為權勢顯赫的地方長官。李林甫為相時，專任蕃人為大將，這些人多不識文字，便可解除「出將入相」之憂了。但他沒有想到，此後這卻成為藩鎮鬧事的禍根。安祿山初為邊將，後靠行賄送禮、獻忠取媚得平盧節度使、范陽節度使、河東節度使。「祿山恃此，日增驕恣。嘗以曩時不拜肅宗之嫌，慮玄宗年高，國中事變，遂包藏禍心，將生逆節。」此後節度使作亂遂為常事，唐也由最初的良策後因宰相的偏私而終遭禍亂，並由此釀成大勢導致唐朝滅亡。

唐代前期對州、縣長官設立是非常重視的，直到唐玄宗即位之初，還「勵精政事，常自選太守、縣令，告戒以言，而良吏布州、縣，民獲安樂。二十年間，號稱治平，衣食富足，人罕犯法」。唐玄宗還貫徹並推行一項「出入常均」的措施，這裡的一「出」

一「人」，實即京城官與地方官的交流。許多京官被選為刺史外出掌政，加強了對地方的治理。而地方上政績卓著的官員被選為京官，皆能體察民情而使決策合理。開元十三年（西元七二五年），唐玄宗自選諸司長官出為刺史，並「餞於洛濱，供張甚盛」，作詩賜之。而玄宗前期任命的宰相如姚崇、宋璟、張嘉貞、源乾曜等，都是從地方官直接拜相的。唐玄宗勵精圖治，故有後人追慕的開元盛世。但至唐晚期，官僚腐敗已成普遍現象。如杜荀鶴〈再經胡城縣〉：「去歲曾經此縣城，縣民無口不冤聲。今來縣宰加朱绂，便是生靈血染成！」可見大勢已頹，積重難返。唐代晚期之所以如此，關鍵是最高統治者已自亂方寸，缺乏有效的監督機制。

選舉

在選舉制度方面，隋唐時期也有重大舉措。選拔官吏歷來是政治生活中的一項重要內容，它關係到統治機器的正常運轉和興衰成敗。據《禮記．王制》記載，周朝時即養士於庠、序等地方學校中，由鄉大夫、鄉老考察其德行道藝，擇其優者送進「國學」，然後再選其「賢」者授予一定的官職。春秋戰國時期，諸侯為了爭得霸主地位，紛紛進行改革，其中一項便是打破原來的官爵世襲制度，按照「選賢任能」的原則選拔官吏。

漢代在選官方面又有進展，形成明確的「察舉徵辟」制度。所謂「察舉」，是指官員將經過考察的優秀人才向朝廷推薦，經過朝廷考核後授予不同的官職。所謂「徵辟」，是天子和高官直接聘任屬員的一種螺鈿紫檀彩繪棋盤制度，天子聘任為「徵」，高官聘任為「辟」。魏晉南北朝時期，世族豪門為了維護自身的統治地位，竭力推行「九品中正制」的選官制度。「九品」將士人分為九個等級，「中正」負責對士人考察向朝廷推薦。由於地方上擔任「中正」的均是有地位有聲望的士族成員，他們評定士人品級根本不重視真才實學，而是只看出身門第，這就嚴重堵塞了普通中小地主進入仕途的道路。

隋唐時期，隨著社會生產力的發展和政治上的需求，開科考試選拔官吏的制度應運而生。隋文帝下詔廢除了魏晉以來實行的九品中正制，實行州、縣地方官薦舉人才經考試錄用的辦法。至隋煬帝時，科舉制已成為選拔人才的重要途徑。科舉制度和以前的選舉制度最根本的區別，在於凡普通的讀書人均有參加考試從而被選拔做官的機會，這就打破了門閥大族壟斷仕途的局面，使封建皇朝能在更大的範圍內選拔官員，擴大了封建政權的社會成員基礎。科舉制度適應了世族地主衰落、庶族地主興起的歷史趨勢，把選舉官吏的權力從地方豪門手中移聚到中央政府統轄，這大大地促進中央集權的鞏固和發展。

但是，在隋唐時期，科舉考試合格，只是取得了做官的一個資憑，要被授予實際官職，還要經過一定的銓選。考試一般分為常科和制科兩種。常科每年舉行，科目有秀才、明經、進士、俊士、明法、明字、明算等五十多種，其中明經、進士兩科應試者居多。因諸科考試，進士難度最大也仕途最優，往往是百人中取一、二名，故唐代進士科最受士人重視，當時便有「三十老明經，五十少進士」之諺。常科考試，最初由尚書省吏部考工員外郎主持，開元二十四年（西元七三六年）改由禮部侍郎主持，故稱省試、禮部試。禮部試及第後，並不等於有官做，還須參加吏部試，及格後才能授官。參加「吏部選」的應選人要接受兩方面的考察。一是「四才」，即「身、言、書、判」，「身取其體貌豐偉」，「言取其言詞辨正」，「書取其楷法遒美」，「判取其文理優長」。合此體格、語言、書法、判牘四條標準者，為優秀之選。二是「三實」，即「德行、才用、勞效」。「德行」指封建的道德和品行，「才用」指實際的才幹和效用，「勞效」指任官的考課等級。應選人要在「四才」和「三實」銓選後，方由吏部注擬官職並最後公布，發給「告身」。

制科是皇帝臨時詔令設置的科目，有博學宏詞、賢良方正、直言極諫、才識兼茂、明於體用、博通墳典、達於教化、軍謀遠慮、堪任將帥、詳明政術等百餘種。應試者可

以是現職官吏，也可以是常科及第者，還可以是庶民百姓。考試內容唐初僅考策問，唐玄宗時加試詩、賦。制科考試通常由皇帝親自主持，合格者可以由朝廷直接授予官職。唐代制科儘管由皇帝親自主持，但在士人眼中往往視其為非正途出身而不予重視。唐代這種嚴密而完備的選官制度，對當時從庶族地主中選拔品學兼優的人擔任各級官吏產生了一定作用。雖然唐代除了科舉出身外，還有勳官出身、技術出身、胥吏出身、門蔭出身等可授予官職，但已普遍受到輕視。

科舉制度調動了全社會學習的積極性，當然推動了文化的全面發展。可以說，科舉制度給每個人創造了機會，因此促進了全社會高漲的學習熱情。當然科舉制度也難免產生弊端，如應試教育限制了人的全面發展，朝廷考試也未免不是「牢籠英彥」的手段，有些士子為了謀取功名而不惜扭曲自己的人格，有些士子為了爭取及第而皓首窮經不究新義。但不管怎樣，科舉考試的實施是時代的需求，畢竟對推動社會進步有著積極的意義。

軍事

在軍事制度方面，隋唐採用府兵制但又有新變化。中國夏商時期就已有軍隊，軍隊的核心是王室與貴族子弟，充當士卒的則是平民，戰時奴隸從軍只充當雜役。周滅商後分封諸侯，形成了國與野的分別。西周時只許國人當兵，不讓野人有武裝。天子與諸侯都有等級規定，對軍隊也有嚴格的限制。春秋中葉以後，列國戰爭頻繁，於是野人也被收入軍隊。國和野的區別逐漸取消，國人和野人都變成國君的編戶。戰國時各國普遍實行以郡縣為單位的徵兵制度，這就使當兵和務農結合了起來。秦統一中國，建立起高度中央集權化的軍事體系，各國貴族的宗族部隊或私屬武裝都被瓦解，郡兵成為地方上唯一的武裝力量，他們平時維持地方治安，戰時受中央直接調遣。西漢軍隊分為中央兵和地方兵兩級，中央兵守衛皇宮和京城，地方兵負責維持當地治安。東漢以來，農民對地主的依附強化了，於是有所謂家兵、私兵，即武將私有的軍隊。南北朝時實行府兵制，劉裕便是靠北府兵竊奪皇權，此後削弱了門閥世族的勢力；西魏、北周的府兵制是在政府控制的民戶中編組軍隊，使政府軍對私兵擁有優勢併力圖把私兵變成官軍。

隋唐時期府兵制有所改革，隋文帝針對天下戰爭平息的形勢，於開皇十年（西元

五九〇年）下詔規定：「凡是軍人，可悉屬州縣，墾田籍帳，一與民同，軍府統領，宜依舊式。」府兵原由軍府統領，是職業兵，不列於州縣戶籍。現落籍州縣，編為民戶，平時從事農業生產。而兵士仍保留軍籍，接受訓練，輪番到京城擔任宮禁守衛，或執行其他軍事任務。這是一種兵農合一、寓兵於農的制度，對發展生產和控制軍隊都是十分有利的。充當府兵的人，二十歲起服役，六十歲後免役，平日務農，農閒教練，戰時徵發。府兵制發展到隋末已經成熟，基本達到了完整化和系統化的程度。

唐初府兵平時居家，有練習武事的任務。每年要集中校閱，考察練習成績。唐初人們之所以願意充任府兵，是由於任府兵後出征打仗一旦立功便可授以勳官，並按勳官的高低加授田地，還可以蔭子入仕，免除雜役。到高宗時，這種勳官授得太多太濫，官府不再依名兌現，立軍功就不再有實際意義。加上到京師宿衛的府兵，往往被官宦人家役使如同僮僕，況且還要自備資裝，耽誤農時，這比一個普通百姓的負擔要沉重得多。因此高宗以後，人們漸漸不願充任府兵，力圖逃避兵役。

京師的宿衛工作本是由府兵與禁兵共同承擔，府兵主要負責京城的守衛，禁兵則主要負責宮城的守衛。太宗、高宗、武后時，都擴大了禁軍的力量。高宗時成立左右羽林軍，武后和韋後當政時期充任左右羽林大將軍的都是其本家或親信，羽林大將軍的榮寵與地位非渚衛大將軍所能比。神龍元年（西元七〇五年），張柬之誅「二張」逼武則天還政於唐，是爭取到了羽林軍的支持。景雲元年（西元七一〇年），唐玄宗率萬騎廢殺韋后也是禁軍發揮了很大的作用。唐玄宗開元年間，命從宿衛京師的府兵中挑選優秀者充任羽林飛騎等禁軍，此後府兵逐漸變成募兵，完全成為職業軍人。

同時，唐代到高宗、武后時，府兵已無力承擔防禦周邊部族侵擾的任務，於是官府就出資召募軍隊前去屯守。從軍隊的性質上講他們已是職業兵，但並非完全出於自願而帶有強制性。隨著屯防軍隊的增加，唐廷又不斷調整結構，逐漸形成完整、嚴密的防禦體系，這就是十大節度使的設置。他們各自有主要防禦對象，同時又互相配合協調。後來節度使發展到內地則形成藩鎮，遂形成失控局面。總之，唐代前期的軍事制度是合理的，到後期的兵役制度則給人們帶來巨大的苦難。

土地

在土地制度方面，隋唐時期也有發展。在中國原始氏族公社時期，實行氏族內部土地公有的制度。進入奴隸制社會以後，氏族公社的土地所有制被奴隸主貴族的土地國有

制所取代。春秋戰國之際，生產力要求生產關係進一步變革，奴隸主不得不將土地分配到個體農民手中而徵取地租和勞役，不少奴隸主就這樣轉化為新興的封建地主，以土地國有制為基礎的井田制就此開始瓦解。秦漢時期，皇帝是全國最高最大的地主。土地所有權和政權在他身上是統一的，他擁有土地的最高所有權是得到公認的。秦始皇刻石自頌：「六合之內，皇帝之土」，「人跡所至，無不臣者」。《漢書．食貨志上》：「上於是約法省禁，輕田租什五而稅一，量吏祿，度官用，以賦於民；而山川園地市肆租稅之人，自天子以至封君湯沐邑，皆各為私奉養，不領於天子之經費。」魏晉以後，逐步實行均田制。西晉規定，男女農民都可以分到田地，一種是不向國家交納地租的占田，一種是向國家交納地租的課田。西元四八五年，北魏頒布均田制，規定授田有露田、桑田之分。

隋文帝時，繼續推行均田制，規定每丁受露田八十畝、桑田或麻田二十畝，婦女受露田四十畝。露田在受田人死後要歸還國家，桑田或麻田為永業田，可以傳給子孫，可以有限買賣。奴婢受田與平民相同，但對受田人數有限制，親王之家限三百人，平民之家限六十人，丁牛一頭受田六十畝，一家限四牛。親王至都督皆給永業田，從百頃依次遞減。京官皆給職分田，由一晶五頃依品級高低遞減。外官除職分田外，還有一定數量的公廨田。職分田的收入是官吏俸祿的一部分，公廨田的收入則為官署的辦公費用。唐初基本沿襲這一體制，這一措施對土地兼併造成了一定的限制作用，自耕農的數量有所增加，有利於農業生產的恢復和發展。因而至玄宗開元年間，唐代發展至鼎盛時期。杜甫〈憶昔〉詩曰：「憶昔開元全盛日，小邑猶藏萬家室。稻米流脂粟米白，公私倉廩俱豐實。九州道路無豺虎，遠行不勞吉日出。齊紈魯縞車班班，男耕女桑不相失。」

但是，唐中葉以後，均田制遭到徹底破壞。這是因為，均田制雖然日益完備，但它沒有對土地買賣的限制，這就給土地兼併提供了機會。均田制不僅未能根本抑制土地兼併，而且在客觀上扶植了封建地主大土地私有制的發展。隨著唐朝前期社會經濟的興旺發達，商品經濟得到空前繁榮，日益打破自然經濟的封閉狀態，促使土地日漸私有化和商品化，導致土地買賣和土地兼併迅速加劇。在土地兼併的過程中，貴族、官僚、地主和富商成為主導力量。《冊府元龜．田制》說：「王公百官及富豪之家，比置莊田，恣行吞併，莫懼章程。」另外，由於寺院經濟的發達，僧侶地主也是兼併土地的重要力量。他們「驅策田產，積聚貨物，耕織為生，估販成業」，來掠奪農民。武則天統治時期，寺院經濟更加發展，「膏腴美業，倍取其多；水碾莊園，數亦非少」。及至唐代宗時，「凡京畿之豐田美利，多歸寺觀，吏不能治」。

在豪門大戶大肆營建田莊的同時，農民成為土地兼併的主要對象。他們日益陷入貧困和破產的境地，從根本上打破了均田制原有的格局。唐代中後期，莊園經濟發展尤盛。這個從南北朝時遺留下來的傳統在唐代前期就一直存在，唐高宗時，王方翼「闢田數十頃，修飾館宇，列植竹木」。此後官僚地主侵奪田地設置莊園者比比皆是，且誇耀不已。莊園也稱山莊、田園、莊院、別業等，唐詩中有大量關於田莊的描寫，由此可見莊園經濟給文化帶來的影響。

賦役

在賦役制度方面，隋唐建國時期都採用了輕徭薄賦的措施。中國的賦役制度起源很早，夏商周就已存在。春秋戰國時期，社會經濟發生劇烈變動，賦役制度也隨之產生變革，打破了過去的井田制而出現了「履畝而稅」的新稅法。魯國、齊國、鄭國、秦國先後實行了稅畝制，軍賦也逐漸變成田賦構成「履畝而稅」的內容。秦始皇統一全國，建立了專制主義的中央集權國家，從而結束了戰國時賦稅制度混亂不一的局面。漢承秦制，形成一套較完整的封建賦役制度。魏晉南北朝時期，由於占田制和均田制的推行，加以戰亂之際，人口變動大，難以徵收人頭稅，因而廢除了秦漢以來的算賦、口賦，實行租調制度。租指田租，調即戶調，也就是戶稅，此制從魏晉實行，北魏自孝文帝改革推行均田制後，規定一夫一婦的均田戶，每年要向國家交納一定的租調。

隋文帝開皇二年（西元五八二年），規定十八歲至六十歲為丁，要負擔租調力役。一夫一婦為一床，每年交納租粟三石，桑田者交調絹四丈，麻田者交調布六丈，丁男服役一月。次年又減輕租調力役，規定成丁年齡為二十一歲，受田年齡仍為十八歲，前三年不納租調不服力役。調絹由每年四丈減為二丈，力役由每年一個月減至二十天。開皇十年（西元五九〇年），又規定五十歲以上者可「免役輸庸」，即納布帛以代力役。唐代在中葉以前規定，每丁每年納粟二石；納絹二丈，綿二兩，或納布二丈五尺，麻三斤；服役二十天，如不服役可以絹代役，每日三尺，二十日六丈，稱為庸。

租調力役的減輕和輸庸代役的實行，在一定程度上減輕了農民的負擔，提高了農民生產的積極性。這使唐朝府庫也極為充實豐盈，市場物價長期穩定。從開元十三年（西元七二五年）到天寶年間，長安和洛陽的米價始終保持在每斗十五文到二十文上下，最賤時達十三文。絹價也一直保持在一匹兩百文左右，唐玄宗時「口蜜腹劍」的奸相李林甫，一身兼職四十多個，廣收賄賂，金銀珍寶等資財無數，僅庫存絹帛就多達三千萬

匹。從現有文獻資料及遺存文物看，盛唐時國力強盛確為歷代罕見。

但隨著土地兼併的日趨激烈和均田制的迅速瓦解，尤其是安史亂後的國力衰落，唐朝的租庸調制難以繼續下去了。所以，到唐德宗建中元年（西元七八〇年）下令廢除租庸調制，實行兩稅法。兩稅法一改租庸調以人丁為本的徵稅方法，確定了以土地、財產為納稅主體、以錢為納稅計算單位的制度。「令黜陟觀察使及州縣長官，據舊徵稅數及人戶土客定等第錢數多少，為夏、秋兩稅。其鰥寡孤獨不支濟者，準制放免。其丁租庸調，並人兩稅……其月，下赦天下，遣黜陟使觀風俗，仍與觀察使、刺史計人產等級為兩稅法。此外斂者，以枉法論。」

兩稅法減少了納稅項目，集中了納稅時間，簡化了納稅手續，使人民得到很大的便利。兩稅法以財產多少為徵稅標準，比之過去租庸調制按人丁課稅更為合理。這樣，一些官吏、客戶及商人都要納稅，改變了過去權門隱占人口的狀況。兩稅法的實施不以人丁為本，農民的人身依附關係相對減輕，這有利於生產的發展。但是在兩稅法的實施過程中，也暴露出不少嚴重的問題。如兩稅之外實際仍有種種加徵，田畝稅除部分徵糧外還要徵錢或徵帛，以稅代役僅僅維持十幾年便被廢止，而最重要的是兩稅法的實行使土地兼併不再受任何限制。

總之，兩稅法的實行符合均田制以及租庸調制廢壞後的社會經濟情況，並為此後的賦稅制度打下了基礎。但是，唐朝後期的社會經濟受政治形勢的影響，始終未能再恢復到盛唐時的繁榮反而衰敗下去，最終導致農民起義使唐王朝徹底崩潰。

戶籍

在戶籍制度方面，隋唐時期也更為完備。中國古代的戶籍統計，傳說始於夏。殷商卜辭和周金文辭中，也零星可見當時的人口統計資料。一般而言，戶口統計和土地統計是結合在一起的，以此掌握國家的人力、物力。據史料記載，西周末年曾進行過大規模的人口調查。秦國的戶籍制度，在商鞅變法時得到進一步加強，奠定了此後兩千多年封建社會戶籍編制與鄉里組織互為表裡的基礎。秦漢時期，戶籍和土地的調查統計已制度化。「漢時八月案比而造籍」，所謂「案比」，即「案戶比民」，也就是逐戶逐人進行核查。案比時，由當地長官親臨督責，以保證案比的可靠。造籍完成以後，各地派官吏帶著籍帳上交京師。北魏孝文帝改革時，在實行均田制的同時下令實行三長制。三長就是五家立一鄰長，五鄰立一里長，五里立一黨長。這是用來代替宗主督護制的基層政治

制度，是符合中央集權制要求的。三長要挑選鄉里中能辦事而又謹守法令的人擔任，其職責是掌握鄉里人家的田地、戶口數量，徵收賦稅，調發徭役，維持治安。這是對豪門大戶的一次沉重打擊，迫使他們將隱占的人口和土地登記。

隋朝開國後，由於隱漏戶口或投靠豪強地主的很多，開皇五年（西元五八五年）文帝下令清查戶口，依照戶籍簿上登記的年齡體貌進行核對，即「大索貌閱」。清查的結果，使國家的戶籍增加了四十四萬餘丁、一百六十四萬餘口。另外，還根據宰相高熲的建議實行了「輸籍之法」，即由國家制訂劃分戶等的標準，作為定樣頒布至各州縣，每年正月由地方官吏主持在鄉里挨戶依樣劃等，作為徵調賦稅力役的依據。由於國家規定的各級民戶所負擔的租稅徭役比豪強地主的剝削量要小，所以大批被世族地主隱庇的「浮客」紛紛投歸政府作「編民」。唐代規定，三年修訂一次戶籍，自正月上旬起，至三月下旬止。各鄉戶籍一式三份，一份留縣，一份送州，一份上尚書省。戶籍式樣，由戶部統一制定，然後分發各州，各縣派員赴州依式勘造。

唐代在編造戶籍時，主要還是依民戶自報的「手實」。所謂手實，即在造籍前一年的歲終，由戶主將本戶所有戶口、年齡、田畝等內容填寫在專門的文書上，並保證所報內容屬實，故此稱之。同時又規定由里正「案比戶口，收手實，造籍書」，里正是鄉村組織的基層負責人，因而他們對民戶申報的手實進行驗證、註冊。唐代戶籍的形式，基本上是按戶口、賦役、田土的順序登載的，戶籍上還要註明戶等。戶籍制度的逐漸完備，為後世提供了豐富的人口資料，反映了封建社會治亂盛衰情況。

從史料看，中國先秦時期人口大約始終保持在一兩千萬。西漢平帝元始二年（西元二年），人口五千九百餘萬，這是「文景之治」後出現的「民眾大增」的景象。事隔半世紀，經綠林、赤眉起義，東漢初光武帝中元二年（西元五七年），人口僅有兩千七百餘萬。到東漢中期章帝章和二年（西元八八年），人口又恢復到五千萬左右。三國初，經農民起義、軍閥混戰，人口又減至一千餘萬。魏晉南北朝時期，經濟有所恢復和發展，到隋大業五年（西元六〇九年），人口又增為六千九百多萬。隋末農民大起義，使唐初武德年間（西元六一八年至六二六年）人口只有一千萬。發展到玄宗開元盛世，人口又逾五千萬。此後縱覽宋、元、明、清，令人看到一個饒有趣味的現象，即中國人口發展的峰值始終未逾六、七千萬的水平，人口增長率極低。只是到了清朝康熙、乾隆年間，人口發展才呈不可阻遏之勢，道光二十年（西元一八四〇年）達到四．一億。其發展趨勢呈週期性律動，人口增長曲線呈馬鞍形狀，與王朝盛衰更替相一致。

隋唐時期有效的戶籍措施使政府掌握的納稅戶口大為增加，反映了政府的經濟政策

得力和經濟力量增強。但隨著人口的增多也產生了沉重的包袱，唐代後期均田制破壞的原因之一便是無田可分。地少人多可以說是中國人口發展中巨大的障礙，從而也就引發出歷史上重大的災變。

工商

在手工業、商業方面，隋唐時期也迅速繁榮起來。中國自原始社會後期發生畜牧業、農業及手工業的分工，各行業、各部落間便用以物易物的形式交換產品。到商代，開始出現專門經營買賣的商人，但商業活動大多在方國部落的上層中進行，對整個社會經濟產生的作用很小。西周時，手工業、商業由官府壟斷，設有專門的職官來管理，主要為貴族的需要而經營和服務。春秋戰國時期，由於經濟的發展，舊的「工商食官」制已不能適應新的形勢，因此民間獨立的工商業應運而生。有的大業主倚仗財貨勢力參與各國的政治活動，可以與諸侯分庭抗禮。以往作為統治中心的城邑，此時逐漸成為手工業、商業城市，布帛、陶器、鐵器、糧食、牛馬、皮革、魚鹽等等，都成為市場上的商品。秦始皇吞併六國後，統一了貨幣、度量衡，並修築馳道，更促進了手工業、商業發展。西漢時，鐵器取代了銅器，政府將其收歸官營並設有專門機構管理。當時在各地設有「鐵官」四十九處，每處「鐵官」下屬若干作業點，規模浩大，品質提高。張騫通西域後，開闢了「絲綢之路」，中外貿易趨於繁榮，長安、洛陽、邯鄲、臨淄、成都都是著名的商業中心。魏晉南北朝時商業仍很活躍，南北交流、中外往來密切不斷。而到了隋唐時期，由於各方面形勢好轉，手工業、商業出現了全面繁盛的局面。

隋唐時期，主要手工業生產仍掌握在官府手中，私營手工業在很大程度上受到國家控制。如唐代主管手工業的最高機構是尚書省的工部，其長官「掌天下百工、屯田、山澤之政令」。直接管理中央官府手工業的有少府監和將作監等，少府監主要負責監造精緻的手工藝品和貴族官僚的器用服飾，將作監則主要監造宮廷所有建築及「掌供邦國修建土木工匠之政令」。唐代官營手工業與前代相比有以下特點：分工細、人員多、地區廣、種類雜、規模大、品質高。私營手工業在農業空前發展的基礎上也更為活躍，除眾多的農村家庭副業外，規模不等的個體手工業作坊也大批湧現。

唐代的礦冶鑄造業雖由政府直接控制，但也允許民間私自採鑄而繳納一定稅額。當時的冶鑄技術大有進步，唐中宗李顯曾「令揚州造方丈鏡，鑄銅為桂樹，金花銀葉，帝每騎馬自照，人馬並在鏡中」。製瓷技術也更為精良，當時著名的瓷器產地如類玉如冰

的青瓷產地越州（浙江紹興），如雪似銀的白瓷產地邢州（河北邢臺），都馳名中外。饒州浮梁昌南鎮（江西景德鎮）的瓷器自唐初以來就有假玉之稱，而作為貴族賞玩或殉葬的「唐三彩」色彩豔麗、形象逼真、造型生動，更反映出唐代手工藝品的華美。

唐代的紙張文具業也取得很大成就，當時的皮紙、藤紙有了進一步發展，麻紙生產則更加興旺，發展成為白麻紙、黃麻紙和五色麻紙等多種，以適應不同的用途。製墨、製筆、製硯也更為講究，當時製墨業較為有名的如潞州（山西長治）、絳州（山西新絳），製筆業較為有名的如宣州（安徽宣城）、溧水（江蘇溧水），製硯業較為有名的如虢州（河南靈寶）、歙州（安徽歙縣）。筆、墨、紙、硯後來成為中國文人的文房四寶，而精良的工藝當然是主要的因素。

唐代最為發達的還是織染業，品種、花色、技法、產地多不勝數。就少府監下的織染署而言，是專掌「供天子、太子、群臣之冠冕」的機構，共有作坊二十五個：「凡織紝之作有十：一曰布，二曰絹，三曰絁，四曰紗，五曰綾，六曰羅，七曰錦，八曰綺，九曰繝，十曰褐。組綬之作有五：一曰組，二曰綬，三曰絛，四曰雙孟多足硯繩，五曰纓。紬線之作有四：一曰紬，二曰線，三曰弦，四曰網。練染之作有六：一曰青，二曰絳，三曰黃，四曰白，五曰皂，六曰紫。」加上官府在全國各地所設的作坊，可見規模之大，分工之細。唐代官私的紡織和染印技術已很發達，產品織作精細，圖案美麗，使唐代服飾爭奇鬥豔，繽紛多彩。

唐代手工業的興盛繁榮，也給商業帶來蓬勃生機。唐代城市不僅是全國和地方的政治、軍事中心和水陸交通樞紐，也是商品交易中心和物資交流樞紐。當時的西安、洛陽為西、東二京，此外，西南的成都、桂林，南方的廣州、交州，西北的蘭州、涼州，中原的開封、太原，沿海的泉州、杭州、揚州、登州，以及荊州、相州、幽州、宋州等都是重要城市。

據文獻記載，長安城有東西二市，聚集四方財貨，是繁盛的商業區。市中出售同類貨物的店鋪稱為肆，若干肆集中排列在同一區域稱作行，同一行業往往有行會的組織，行會有行頭或稱行首。一個市的行數越多，說明該市商業愈發達。長安僅東市就有兩百二十行，加之零散商品可以說應有盡有，如絹行、裝飾品行、大衣行、秤行、果子行、藥行、金銀行等。西市與東市大體相同，但人口比東市多，商業也更為繁華。還有為外地客商服務的貨棧叫做邸，專為外商代辦批發交易等事宜。胡商經營的葡萄酒，胡姬所跳的胡旋舞，在當時都頗受歡迎。官府對市場的管理有嚴密的法令，設有專門管理市場的機構。中午時擊鼓，表示市場活動開始；日落時鳴鉦，商店便閉門停止營業。僅

次於長安的洛陽東、南、北三市並立，僅南市就有一百二十行、三千餘肆。除京市外，全國各地還有許多州市、縣市、草市。有些草市，旗亭旅舍屬連，珍貨奇物皆有。此外，嶺南有墟市，西蜀有亥市，北方有集市，許多地方有廟會，都是出售貨物的場所。

自城市到鄉村眾多大小不等的市場存在，說明唐朝商業經濟的空前繁榮和人民生活水平的日益提高。發達的手工業、商業提供了豐富的貨源，因而自貞觀到開元年間物價穩定，整個社會充滿了興旺祥和的氣氛。安史亂後，社會經濟遭到破壞，政治形勢日趨惡化，官僚機構也愈加腐敗，甚至出現了明搶暗奪的「宮市」，手工業、商業受到嚴重影響。

刑罰

在刑罰制度方面，隋唐時期也有重大發展。在原始部族中，人們為了共同生產和生活的需要，逐漸形成了若干共同遵循的社會規範，這些規範兼具後世道德和法律的功能。進入階級社會之後，統治者有選擇地利用原有習慣並加以確認，使之具有法律效力，這便出現了專門性的成文法。中國奴隸社會時期主要引用習慣法，但由於王權至上的緣故，一些王命也帶有法的性質，這往往被後世所遵循。大約春秋戰國時，已有正式公布的成文法規，如鄭國的《竹刑》、晉國的《刑律》、魏國的《法經》等。戰國初年，商鞅在秦國變革舊制，釐定「刑」、「法」，劃一稱「律」，由是律被歷代封建王朝奉為法的主要形式。秦始皇統一中國後，建立封建君主專制的中央集權制度，權制獨斷於君，始創「命為制，令為詔」，「唯天子獨稱也」之式。此後歷朝於律之外遂有制、詔之稱，其變稱如令、科、比、故事、格、式、敕、例、典等，與法名稱雖有別，其實多屬律外的「追加法」。漢武帝「罷黜百家，獨尊儒術」以來，國家制定法律、解釋法律、實施法律必以「三綱五常」為指導原則，強調「德主刑輔」、「出禮入刑」的法制思想。其法律形式除律、令、科、比外，「天子之言」經丞相、太尉、御史「集議」後，分類組合編定為策書、制書、詔書、誡敕等，同樣具有法律的效力。

隋、唐沿兩晉南北朝之制，制定律、令、格、式。隋文帝登基不久，即制定了《開皇律》。該律分為十二卷，五百條，將刑罰分為死刑、流刑、徒刑、杖刑、笞刑五種二十等。還規定對侵犯統治階級根本利益的十種罪行要嚴懲不貸，對統治階級內部人員的八種犯罪要給予減免，這就是所謂「十惡」和「八議」。新律廢除了歷代梟首、轘裂等酷刑，嚴明了責打、枷杖輕重的規定。宣布民有枉屈，可依次上告，直至朝廷。《開

皇律》實施後，地方官員「並令習律，集京之日，試其通不」。此後又廢除妻、兒連坐之法，「死罪者，三奏而後決」。儘管當時法律條文與法律使用還有很大出入，但畢竟較之前代有很大改進並成為後來法典的基礎。

至貞觀年間，太宗命長孫無忌、房玄齡等主持重修律令。《貞觀律》十二卷「比隋代舊律，減大辟者九十二條，減流人徒者七十一條」，「凡削煩去蠹，變重為輕者，不可勝紀」。同時，又編《貞觀令》三十卷、《貞觀式》二十卷、《貞觀格》十八卷。唐代刑書中的律、令、格、式自此齊備：律是刑事法規，令是國家制度法規，格是國家機關行政法規，式是國家機關公文程式。高宗時，又修永徽律、令、格、式，詔以律文為經，對五百條律文逐條逐句進行詮釋，辨析疑義，彌補疏漏。這些解釋文字稱「疏」，與律文具有同等的法律效力。玄宗時，對《永徽律疏》多次修改，形成後世所稱的《唐律疏議》。《唐律疏議》三十卷，分十二篇五〇二條。名例篇五十七條，是總綱，內容為五刑、八議、十惡。衛禁篇三十三條，職制篇五十九條，戶婚篇四十六條，廄庫篇二十八條，擅興篇二十四條，賊盜篇五十四條，鬥訟篇六十條，詐偽篇二十七條，雜律篇六十二條，捕亡篇十八條，斷獄篇三十四條。這些法規涉及國家制度和社會生活的各個方面，大大豐富了刑事立法的內容。

隋唐時期的刑罰相比前代而言也有所減輕。中國奴隸制刑法特點之一是以刑統罪，只具刑名而不列罪名，先議刑而後定罪。夏、商、周主要有墨、劓、宮、大辟五刑，而實際上五刑之外尚有其他酷刑，如商之炮烙、醢脯、剖心、刳剔、族誅等。秦之死刑也名目繁多，如戮、磔、棄市、定殺、梟首、腰斬、車裂、鑿顛、抽脅，鑊烹、絞、囊撲、夷三族、具五刑等。漢魏以後肉刑稍減，發展了財產刑，出現了名譽刑。如犯罪後以家財贖罪，或以奪爵、除名、免官、禁錮等形式處罰。隋唐五刑為死、流、徒、杖、笞。唐代五刑規定：

▼笞，分五等，從十至五十，十為等差。贖用銅，一斤至五斤。

▼杖，分五等，從六十至一百，亦以十為等差。贖用銅，六斤至十斤。

▼徒，分五等，一年至三年，以半年為等差。贖用銅，一年為二十斤，每增一等加十斤。

▼流，分三等，兩千里至三千里，五百里為等差。贖用銅，八十斤至一百斤。此三流稱常流，皆須居作一年。此外，唐太宗貞觀六年（西元六三二年）還為死刑減等定加役流，所流里數為三千，居作為三年。

▼死，分二等，絞、斬。贖銅皆一百二十斤。唐代的刑罰寬減，訴訟審判程序嚴格，反映出唐代的進步與文明。

唐朝前期的君臣多能自覺守法和嚴肅執法。唐太宗曾對大理少卿戴冑說：「朕法有所失，卿能正之，朕復何憂也！」貞觀四年（西元六三〇年），當他發現所頒詔敕與律令相違時，便要求各主管部門「不得順旨便即施行」，「必須執奏」，再做定奪。同時強調：「法令嚴肅，誰敢為非？」盡量避免以言代法，不得「有乖於律令」。魏徵更是直言進諫，強調「法，國之權衡也，時之準繩也」，如果「任心棄法」，必然「取怨於人」，太宗手詔稱魏徵所言，「皆切至之意」。因而，貞觀之治使天下呈現出一派昇平氣象。當然，武則天改制時，免不了弄權玩法，她「委政獄吏，剪除宗枝」，「起告密之刑，制羅織之獄」。當時著名的酷吏來俊臣、萬國俊等專門編寫了一本《告密羅織經》，周興、索元禮等特製大枷「定百脈」、「喘不得」、「突地吼」、「著即承」、「失魂膽」、「實同反」、「反是實」、「死豬愁」、「求即死」、「求破家」。但武則天稱制後，遂嚴明賞罰，選賢任能，逐步整治酷吏。周興、索元禮「殘酷尤甚」，女皇「殺之以慰人望」，來俊臣被處以極刑，其黨徒全部流放嶺南。酷吏時代，隨之告終，賢臣當國，法制重振。如狄仁傑、杜景儉之拜相，用法平恕，天下大安。至玄宗開元全盛時期，湧現了一批執法清嚴的官吏，他們承襲貞觀法制的寬仁慎刑原則，繼續完善法制建設。開元二十五年（西元七三七年），全年斷死刑僅五十八人，史稱李林甫、牛仙客「二人皆謹守格式，百官遷除，各有常度」。開元二十六年（西元七三八年），完成《大唐六典》三十卷，在中國古代法制史上具有重要意義。

任賢

唐朝在各項制度建設方面都在前代基礎上有了很大的發展和完善，因而促進了社會的全面繁榮和國力的迅速強盛。唐朝在國家制度建設方面取得的成就是和國君任賢納諫的治策分不開的。

唐太宗在確定「以靜求治」的基本國策的同時，就提出「致安之本，唯在得人」的問題。太宗所言的「得人」正是魏徵所說的「才行俱兼」之人；相反，如果「才行不至」，即使親貴也不虛授。魏徵出身「微賤」，又曾是太宗「昔日仇敵」，但其「雅有經國之才」，太宗委以「樞要之職」，所陳要事太宗無不「納受」。太宗從叔父李神

通，既是宗室親王，又有當初響應舉義之功，但既無將才，又無傑行，因而未得重用。為保證「廣任賢良」，太宗特別注意杜讒拒邪。太宗君臣經常論說「讒佞之徒，皆國之蟊賊」，還定下對讒人者「當以讒人之罪罪之」的規矩。監察御吏陳師合「譭謗」房玄齡、杜如晦「思慮有限，一人不可總知數職」，欲動搖二人的相權。太宗對主管選官的吏部尚書戴胄說：「朕以至公治天下，今任玄齡、如晦，非為勳舊，以其有才行也。」於是以讒人之罪「流陳師合於嶺外」。有人誣告魏徵謀反，太宗言：「何乃妄生讒構？」連問都不問魏徵，便將誣告之人斬首。太宗在任賢的同時還善於納諫，他不止一次對大臣們說：「君臣本同治亂，共安危。若主納忠諫，臣進直言，斯故君臣合契，古來所重。若君自賢，臣不匡正，欲不危亡，不可得也。君失其國，臣亦不能獨全其家。」貞觀初年，太宗為求大治，一再表示要「君臣上下，各盡至公，共相切磋，以成治道」。為確保「納忠諫」、「進直言」，太宗在制度上明確規定：宰相「入內平章國計，必使諫官隨入，得聞政事，有所開說」。同時三令五申，要求中書省、門下省「堅守直道」，甚至批評「無一言諫諍者」。在太宗「導人以諫」的鼓勵下，朝廷上下讜言直諫成為一時風尚。在眾多的直諫者當中，最傑出者當首推魏徵。自太宗即位，至魏徵去世，前後十七年間，陳諫兩百餘事。太宗將魏徵比做「可以明得失」的鏡子，給予很高的評價，說：「貞觀之後，盡心於我，獻納忠讜，安國利民，犯顏正諫，匡朕之違者，唯魏徵而已。」

武周革命時，雖任用酷吏，但從不委以朝政。對良臣狄仁傑、徐有功、杜景儉等信用有加，特予保護。長壽元年（西元六九二年），武則天推行試官制度，「以祿位收天下人心，然不稱職者，尋亦黜之，或加刑誅。挾刑賞之柄以駕御天下，政由己出，明察善斷，故當時英賢亦競為之用」。武則天晚年逐步整治酷吏，一批清廉之臣得到提升。但其過於寵信張易之、張昌宗，因而幾乎將自己置於朝臣的對立面。至神龍元年（西元七〇五年），張柬之終於發動政變，斬殺「二張」，興復唐室。

唐玄宗登基後「求治甚切」，首先注意選拔宰輔。姚崇、盧懷慎被任為相後，同心戮力，救時匡正，業績大顯。此後宋璟、蘇延頁接任相職。宋璟素以剛正著稱，「刑賞無私，敢犯顏其諫」，史稱玄宗「甚敬憚之，雖不合意，亦曲從之」。蘇延頁又默契配合，二人「相得甚悅」，比姚崇、盧懷慎有過之而無不及。此後接替宋璟、蘇延頁的又是一對剛柔相濟的良相，即張嘉貞、源乾曜。玄宗注意宰輔，任賢用能，因而開元前期奠定了太平之基。但到開元後期，自張九齡、裴耀卿被罷相，李林甫、牛仙客執政後情況發生了變化，一般認為由此開始了治亂的分界。李林甫取代張九齡後，便欲「蔽塞

人主視聽，自專大權」。他對諫官說：「今明主在上，群臣將順之不暇，烏用多言！」自此諫議制度被破壞，「諫淨路絕矣」。恰好唐玄宗又得楊玉環，「漸肆奢靡，怠於政事」，「悉以政事委林甫」，更助長了宰相弄權。自開元始，中書令大體上三五年一更換，而李林甫為政則達十六年至其病卒，任賢制度幾乎廢止。李林甫專權後興起大獄，對不歸附自己的橫加摧殘。他還以蕃人為大將，這正為後來「安史之亂」種下了禍根。接替李林甫為相的楊國忠，「妬賢疾能，排抑勝己，以保其位」，則有過於李林甫。終以「聚斂極矣」和「激怒祿山」而造成天下大亂，自此唐勢頹矣。

可以說，唐朝的任賢納諫制度決定著各項治國方略的實施，執行得好則國家昌盛，反之則衰敗。唐朝前期的幾個皇帝即位之初都能慎始，但到晚年卻未能慎終。總體來看，由初唐到盛唐，國策既寬鬆又嚴明；此之後由盛而衰，與各項制度的廢壞和用人不當有著極大的關係。

宋典更張

初建與穩定

晚唐五代以來藩鎮割據、王朝頻更的形勢，到宋太祖趙匡胤登基後出現了重新統一、漸趨穩定的局面。趙匡胤（西元九二七年至九七六年）本為後周的一員高級禁軍將領，在周世宗去世前以殿前都點檢掌握了後周最重要的軍權。西元九五九年，周世宗柴榮溘然病逝，年僅七歲的柴宗訓在宰相范質的輔佐下即位。西元九六〇年正月，邊鎮急報北漢會同契丹南侵，范質不辨真偽遂派趙匡胤率兵北上拒敵。當趙匡胤率兵至陳橋驛時，由趙匡胤之弟趙匡義、歸德軍掌書記趙普等將士將事先準備好的皇帝龍袍加於趙匡胤身上，並一起跪拜在地高呼萬歲，這就是歷史上有名的「陳橋兵變，黃袍加身」。趙匡胤兵變後，即揮師復歸京城開封。駐守京城的禁軍將領石守信、王審琦等早已得知兵變消息，況且又是早已歸附趙匡胤的「義社兄弟」，所以兵變大軍一到即開門迎接。這時後周宰相范質才恍然大悟，無奈大勢已去後悔莫及，只得隨其他大臣尊趙匡胤為君，並幫助趙匡胤登基，行禪代禮。趙匡胤封后周恭帝柴宗訓為鄭王，後周滅。因趙匡胤在

後周任歸德軍節度使的藩鎮所在地是宋州（今河南商丘），故定國號為宋，又改年號為建隆，定都開封，開國皇帝趙匡胤也被後人尊為宋太祖。

趙匡胤建宋後很注意局勢的穩定，採取了一系列恩威並施的手段。如後周的太后、幼主受到優厚的待遇，後周的宰相范質等文臣武將都繼續留用，就是為後周殉職的韓通也追賜為中書令給予厚葬。這樣，就得到了後周在朝文武官員的支持，連擁兵在外的一些將領也甘心歸服。但是也有不願降服的。如昭義節度使李筠於四月間在潞州舉兵反宋，但在宋軍強大攻勢下六月即兵敗自殺。李筠敗後，原想代周的淮南節度使李重進又於九月據揚州起兵，趙匡胤親率大軍於十一月直取揚州致其全家自焚。此後，一些弱小的後周殘餘勢力更無力抗宋，趙匡胤基本奠定了政權更迭後自己穩固的地位。

趙匡胤靠禁軍輕而易舉地取得政權後，深深懂得兵權對於政治統治的極端重要性，因此在兵權的控制方面也就煞費苦心。在宋朝初建的第一年內，趙匡胤對支持兵變的將領都加官晉級，如石守信、高懷德、張令鐸、王審琦、張光翰、趙彥徽、趙匡義、趙普、慕容延釗、韓令坤等。此行賞封官之舉既取信於將帥，滿足了他們貪求富貴的慾望，又大大加強了中央的統治，穩定了宋初的政局。但當建宋第二年，趙匡胤確認自己的統治已穩固時，就立即著手逐個解除這些高級將領的兵權。在趙普的出謀劃策下，透過「杯酒釋兵權」的方式，趙匡胤很好地解決了高級將領的兵權問題。他軟硬兼施地告誡將領們：做天子不如做節度使快活，因為皇帝的寶座人人都想坐，即使你們不想而你們部下難免沒有異心，因而不如釋去兵權，出守藩鎮，多積金錢，多置田產，歌舞相娛，飲酒作樂，這樣君臣之間不就相安無事了嗎？果然，為趙匡胤建功立業並被加官晉爵的將領們馬上稱病提出辭呈，趙匡胤也非常高興並厚加賞賜。這樣，在石守信、高懷德、張令鐸、王審琦等人被解除兵權後，趙匡胤另選一些資歷淺、威望低、容易駕馭的人充當禁軍將帥，使軍權集中於皇帝，也消除了反叛的隱患。

宋太祖趙匡胤在有效解決了內部穩定的問題後，即考慮消除割據、統一天宋太祖像下的治國大計。根據當時北方兵力強大和南方經濟富庶的形勢，宋太祖定下了先攻取南方再平定北方的策略方針。建隆三年（西元九六二年），宋太祖利用荊湖地區藩鎮的矛盾果斷出兵，不久就掃平荊湖一帶的割據勢力而占據中南。然後宋太祖由中南發兵攻取後蜀，後蜀國主孟昶眼看兵臨城下無奈投降。其後宋太祖又舉兵攻南漢，過南嶺，占韶州；逼廣州，南漢大勢已去，只好降宋。宋滅南漢後，南唐恐懼，李煜向宋上表，乞求削去國號。宋太祖當然不能允許南唐這樣的割據大國存在，遂於開寶八年（西元九七五年）十一月攻入金陵，李煜降，南唐平。其後吳越王錢俶對宋唯命是從，僅保留一個國

王的虛號而已。這樣，南方的割據政權相繼被消滅，宋朝又把主要兵力轉向北方的北漢和遼朝。

但是就在宋太祖剛要進行大規模北征時卻突然死去，這副重擔就落在了年富力強的宋太宗趙光義肩上。趙光義（西元九三九年至九九七年），原名趙匡義，即位後改名炅。陳橋兵變的主要策劃者，建宋後任開封府尹兼中書令，後又加封晉王。西元九七六年，太祖死，太宗立。西元九七八年，他迫使吳越王錢俶削去國號，獻所據十三州之地歸降，這樣就完全統一了南方。此後，他挑選精兵強將，加緊軍事訓練，並於西元九七九年春率兵親征北漢。北漢皇帝劉繼元見大軍壓境，急忙向遼求援。遼一面派使者來宋說情，一面派軍隊支援北漢。宋太宗斷然拒絕了遼的無理要求，同時也以伏軍將援助北漢的遼兵徹底擊潰。太原城在宋軍的圍攻下漸漸支撐不住，只好於五月初向宋太宗投降，自此北漢歸宋，完成了局部統一。

趁此雄威，宋太宗又移師遼南京幽都府，企圖一舉收復燕雲地區。但是由於宋軍連續作戰疲憊不堪，加之遼軍堅守幽州等待來援，最終宋軍在遼軍的夾擊下大敗，以致宋太宗中箭乘驢車逃去。宋太宗兵敗後於心不甘，於是在西元九八六年又再次大舉進攻，兵分東、中、西路。作戰伊始，宋西路軍進展神速，連克寰、朔、應、雲四州，中路亦攻占了蔚州，東路也攻取了涿州。但遼將耶律休哥設伏斷絕了宋軍糧草，又於岐溝關大敗宋東路軍，導致其他兩路宋軍也被迫後撤。西路軍楊業由於得不到主帥潘美的支援，在陳家谷口戰傷被俘絕食而死。宋太宗兩次攻遼失敗，使其放棄了收復燕雲地區的打算，從此轉入防守。此外，由於宋對西夏政策不當，導致西夏割據政權成為邊患。

由於宋初統治者實行「不抑兼併」的政策，導致貧富對立的狀況日益嚴重。尤其在蜀地，農民遭受著殘酷的多方掠奪。宋兵的大肆搶掠、官府的巧取豪奪、地方官的苛刻搜刮，使越來越多的貧苦農民喪失了田園家產。因此，一場以「均貧富」為口號的農民大起義在四川境內爆發也就不足為奇了。以王小波為首的農民起義隊伍迅速壯大，王小波戰死後其妻弟李順又被推為領袖，終於在西元九九四年攻克成都建立大蜀政權。面對如此形勢，宋太宗極為震驚，急派大軍入蜀招撫。在強大的官軍面前，起義軍英勇抵抗，但不久相繼被血腥鎮壓。在宋初即爆發了這樣大規模的農民革命戰爭，使趙宋王朝深刻認識到對內防範的重要性。因此，宋太宗也轉而以主要力量防備內部的篡權奪位，而對外只是消極防禦但求相安無事了。

宋取守勢後，遼卻加緊進攻。其不停地侵犯邊境，燒殺掠奪。西元九九九年，遼兵南下，一路勢如破竹，鋒芒直逼開封。此時宋太宗已死，宋真宗當政，朝廷上主戰與主

和兩派展開爭論。西元一〇〇四年，在新任宰相寇準的堅持下，宋真宗被迫北上澶州（今河南濮陽）督戰，宋、遼兩軍形成了相持局面。遼之南侵，原是以掠奪財物和政治訛詐為目的，入侵後遇到挫敗即願議和。這恰好也符合宋真宗的想法，即只要遼軍儘快北撤可以不惜代價。於是當年十二月，宋、遼達成和議：

- 宋朝每年給遼朝絹二十萬匹、銀十萬兩；
- 沿邊州軍各守邊界不得交侵、不得收容對方逃亡盜賊；
- 雙方不得建築城堡、改移河道。

此外還約定宋、遼以兄弟相稱，這就是「澶淵之盟」。「澶淵之盟」的訂立，使遼得到了不少戰場上得不到的好處，對宋來說則是一個屈辱妥協的和約。但是從中華民族的發展史看，這一盟約結束了宋、遼間連綿不斷的戰爭，使宋、遼邊境得以長期相安無事。兩年後，宋又冊封西夏李德明為定難軍節度使、西平王，每年賜銀一萬兩、絹一萬匹、錢三萬貫、茶二萬斤。自此，宋、遼、西夏進入一個相對和平穩定的發展時期。

宋朝建立之初，即實行多項制度改革，為的是扭轉晚唐五代以來臣強君弱的惡習，加強中央集權的統治力度。在軍事方面採取了以下措施：

▼**禁軍改由三衙分掌**：宋太祖在「杯酒釋兵權」後，廢除了殿前都點檢和侍衛親軍馬步軍都指揮司，禁軍分別由殿前都指揮司、侍衛馬軍都指揮司和侍衛步軍都指揮司三個機構掌管，稱為「三衙」。「三衙」的長官稱為「三帥」，分統禁兵，互不轄制。「三帥」及其主要部下都由皇帝任免，都只對皇帝負責。

▼**將統兵權與調兵權分離**：「三衙」雖然分別統率禁軍，但無調兵權和發兵權。「三衙」平時負責對禁軍的管理、訓練，但無權調遣軍隊。調遣軍隊的權力在樞密院，而樞密院卻不直接掌管部隊。「三衙」和樞密院互相牽制，都無法利用軍隊政變，就使軍隊牢牢掌握在皇帝手中。

▼**使京城駐軍與外地駐軍保持均衡**：宋初有禁軍二十多萬，宋太祖把一半部署在京城，一半分散到地方，這就使其互相制約，不敢貿然兵變。同時禁軍由精壯士兵充任，而老弱者歸於地方廂軍，這也造成一些互相牽制的作用。另外，北宋每遇災荒之年，還招募大量飢民入伍，以為既擴大了禁軍的兵員，又削弱了農民的反抗力量。事實上，這更加重了國家財政和百姓生產的負擔。

▼**利用更戍法使兵將分離**：所謂更戍，就是讓禁軍輪番到各地駐守，而將領也隨之經常更換。這名義上是使士兵們習山川勞苦，增強軍隊戰鬥力，實際上是預防久駐一

地生事，避免將領結為派系。這樣，也就造成「兵無常帥，帥無常師」，「將不識兵，兵不識將」的隔膜狀態，消除了對皇權的威脅。

▼**採用以文制武的策略**：唐末五代兵變頻繁，因此皇帝往往對將領無端猜疑和百般防範。實行以文制武，於是似乎成了削弱和限制將領權限的良策。宋太宗時已參用文臣，並開宦官監軍之陋習，宋真宗以後文臣督率武將遂成慣例。文人大多未經戰陣，其統兵作戰的能力不言自明。而宋代皇帝又大不放心，乃於遠離前線的後方深宮制定作戰陣圖。這樣，固然軍機大計出於朝廷，使前方將帥不得造次，但前方將帥卻受到限制而不能隨機應變。宋代邊防戰爭屢屢失利當與此有關，但皇帝們卻始終未能迷途知返，改弦易轍。總之，宋代皇帝在集中兵權的同時，也造成了種種嚴重的內耗。這固然保證了國家的穩定，但從一開始也就產生了諸多弊端和隱患。

在政治方面，為防止割據局面再現，維護中央集權的高度統一，宋太祖對官僚機構也實行了一系列改革。

第一，實行軍政、民政和財政三權分立，削減宰相權力而由皇帝直接掌管。北宋的宰相制度起初是繼承唐朝的，而唐朝宰相在一人之下萬人之上，統管軍、政、財權力過大。宋太祖用謀臣趙普為宰相，仍稱「同中書門下平章事」。後防其專權，又用薛居正等三人為副相，稱「參知政事」。同時又設樞密院，以樞密使知軍事。這樣，宰相只負責全國行政事務，樞密使專管皇帝軍事政令，一文一武，互不通氣，並稱二省，分別向皇帝奏事。此後又設三司使掌握全國財政，其地位僅次於宰相，也稱「計相」。三司包括鹽鐵、度支、戶部。鹽鐵掌管工商業收入和兵器製造，度支掌管財政收支和糧食漕運，戶部管理全國戶籍、賦稅和專賣等事。這樣，三權分立又統歸皇上，保證了皇帝的至上地位和最高權力。此外，北宋政府還設御史臺負責糾察官員。御史官有權彈劾各級官吏包括宰相、樞密使和三司使，最後由皇帝親自裁處。

第二，在地方行政方面也分化權限，造成各有所司互相牽涉以加強控制。宋朝的地方行政機構是州、縣兩級，與州平行的還有府、軍、監。府一般設於要地，如東京、西京等；軍設於軍事要沖；監設於礦冶、鑄錢、產鹽地區。州、府、軍、監的長官分別稱知州、知府、知軍、知監，由朝廷直接委派，不能由本地人充任。此外在各州又設通判一職，通判既非知州的副職，又不是其屬官，有權與知州共同處理州事，並監督知州的行動，所發文書要知州與通判同時簽署才能生效。因此，通判又稱「監州」。縣的長官稱縣令或知縣，還有管戶口、錢糧的主簿和管軍事、治安的尉。由於唐朝以來節度使的

權力往往很大，其把持地方財富很少上交中央朝廷，宋初則削去節度使實權，為控制地方將全國分為十道，太宗時又改為十五路。各路大體上有四司：經略安撫使司，掌一路兵民之事，簡稱「帥司」；轉運使司，掌一路財賦，簡稱「漕司」；提舉常平司，掌一路常平倉、義倉、賑災事，簡稱「倉司」；提點刑獄司，掌一路刑獄，簡稱「憲司」。因其長官安撫使、轉運使、提舉常平、提點刑獄兼有監督地方官吏之責，所以此四司亦合稱「監司」。這樣，宋朝中央透過通判限制、分割知州的權力，又有監司控制地方的財、軍、法權，使各地方政權不得擅自妄為，有效地扭轉了唐五代以來的割據勢頭，強化了中央集權。

第三，為防止某些官員長期掌權，結黨營私，以致形成尾大不掉的局面，宋朝還實行官銜與實職分離的官吏任用制度。宋初接受了後周的整套官僚機構，諸多官僚也得以繼續留用，這無疑對取得後周官僚支持、穩定宋初的局勢大有好處。但是這些舊機構和舊人員遠遠不能適應新政治和新形勢的需求，而且在宋朝政權建立過程中的功臣宿將也難免權力過大私慾膨脹。因此，宋太祖改革官制，實行「官、職、差遣」制度。官即官名，如尚書、侍郎之類，只是一種虛銜，作為敘級定薪之用。職亦稱職貼，是授予一部分文官的榮譽銜，並無實權，如翰林、直閣之類。只有差遣才是官員所擔任的實際職務，故亦稱職事官，一般在所擔任職務之前冠以「判、知、權、管勾、提舉」等字眼，如判寺事、知州、提舉常平等。這樣一來，就逐步形成了官與職、名與實的分離，打破了唐代以來官高權重不易控制的積習，但也造成後來官僚人數越來越多的惡弊。

第四，宋初為加強中央集權，還改革科舉考試制度。宋太祖十分重視文化，鼓勵世人讀書仕進。他接受唐末五代以來藩鎮割據禍亂天下的教訓，又迫於急需大量文治人才分理庶務的要求，採用各種方法提高在職官員的修養，並透過逐步擴大科舉錄取名額的措施以補吏員之不足。宋太祖曾深有感觸地說：「宰相須用讀書人！」宰相趙普在宋太祖規勸下勤學自勉，文武百官也以不學無術相恥。此後儒臣文士在朝中占據要職的日益增多，地方上也形成了「文臣為大帥，武臣副之」的定例。但是宋太祖在建隆元年（西元九六〇年）恢復科考以來，同時又採取一系列措施加以引導和控制。如廢除公薦制度，禁止稱考官為師門、恩師，確定殿試制度，實行糊名、彌封、謄錄、鎖院、別試、唱名等措施。這就使考試更為公平，限制了勢家子弟徇私舞弊、把持科場的特權，使一大批寒俊庶士得以透過考試躋入仕途。宋太宗雍熙三年（西元九八六年），宰相李昉、參知政事呂蒙正、鹽鐵使王明、度支使許仲宜，均有子弟及親近舉進士入等。宋太宗認為：「此並勢家，與孤寒競進，縱以藝升，人亦謂朕為有私。」隨後全部罷免其進士及

第與出身。宋真宗也多次聲稱：「貢舉當選擢寒俊。」宰相王旦嚴禁子孫、近親求舉進士，大中祥符八年（西元一〇一五年），禮部放榜，合格進士者竟無一人以權門顯名。北宋科舉考試體現了公平競爭、廣搜寒俊的原則，使官員的政治文化修養普遍提高。但由於大幅度增加錄取名額，也造成了宋朝官僚隊伍的龐大。文人好議論而少切實，不免出現虛浮空疏或窮究迂執之習風。重文輕武有效地防止了藩鎮割據的惡俗，打破了勢家大戶因襲已久的特權，這對鞏固中央政權、維護社會安定、繁榮封建文化無疑具有推動作用。

在經濟方面，宋朝建立之後也制定了一系列制度和措施。

第一，根據土地占有情況制定納稅政策。北宋王朝將全國居民分為主戶和客戶兩類。凡是有土地的人家都稱主戶，都要向國家交稅。那些沒有土地的人家被稱為客戶，他們租種土地，也叫「佃客」。主戶按資多寡分為五等：一等戶是占田十多頃、數十頃乃至上百頃的大地主；二等戶是占田一頃至數頃的中小地主，他們通常被稱為「上戶」；三等戶又稱「中戶」，主要指占田不多、但能自食其力還較富裕的中等人家；四等、五等戶是占田三五十畝或僅幾畝的農戶，也被稱為「下戶」或「貧下戶」，他們生活艱難，一遇歉收往往被迫出賣土地，在主戶中所占比例很大。客戶主要是佃農，完全沒有土地和生產工具，依靠租種地主田地為生。但北宋時期的客戶戶籍已經獨立，不再依附於地主的名下，與東漢以來的部曲、徒附是大不相同了。田主不能奴役佃戶的家屬，契約滿期佃戶可以更換田主，這些都可看出社會的進步。地主靠田租剝削佃戶，田租一般都占收成的五成以上。除此之外，高利貸也成為重要的剝削手段，佃農交不起本錢和利息，只好將子女做「傭質」當抵押。一些下戶破產之後，政府為了榨取更多的賦稅，仍將他們編入主戶，「產去而稅存」的戶數逐漸增多。下戶雖然不向地主交租，卻要擔負官府繁重的賦稅和徭役，因而每至凶年往往出賣土地淪為佃客。如他們每年要交田稅、身丁稅、各種雜稅，有些稅可謂橫徵暴斂，巧立名目。北宋的貧苦農民遭受著嚴重的經濟剝削，因而北宋初年王小波、李順的起義就不是偶然的了。

第二，採取各種措施促進農業生產。宋朝對農業生產非常重視，清醒地認識到農業是立國之本，強兵之本。北宋建國者一開始就將京都奠立在運河之濱的汴梁（即開封），使全國各地的應貢物品可以經水路系統輾轉進京，從而使國家的政治中心處於衣食無憂的境地。但朝廷並不以此為滿足，而是以發展農業生產為基本國策，採取扶持、獎勵農業生產的一系列措施。宋代歷屆朝廷都不停地頒布勸農詔書，與過去歷代王朝頒布的勸農詔書不同的是，這些詔書不尚空談，而是針對農業生產中的具體問題提出解決

辦法，責成有關地方官員負責辦理或派大臣親臨調查。北宋朝廷制定和頒發的重要農業政策大致有如下幾種：一是召流民復業，開闢荒田。流民多是因天災人禍而避走他鄉，這就導致大量土地荒蕪。因此北宋初年頻頻頒布詔書，以各種優待條件勸誘流民復業歸農。比如在限期內復業的，不僅免除以前拖欠的賦稅，而且以後幾年內也可減輕賦稅。朝廷還鼓勵開發各類生、熟荒地，對能夠指導農民墾闢荒田的地方官員給予重獎。二是興修水利，擴大土地灌溉面積。朝廷對治理水患投入大量的物資和民力，並興建農田水利灌溉工程。這些水利工程或由民間興辦，或由州縣興辦，或由中央興辦，對農業增產產生了良好的作用，有的地區產量提高了兩、三倍。三是設置農官，勸導農桑。為督促農民發展農業，各級政府設有農官。宋太祖建國第三年便「令諸州長吏勸課農桑」，宋真宗景德二年（西元一〇〇五年）又令各州府皆兼勸農使之職，宋仁宗時嚴令轉運使等每年巡歷各地檢查農官政績。久而久之設官勸農成了例行公事，不少勤勉的官吏做出了成績。四是推廣優良品種和先進技術。如宋真宗時將福建首先引種的占城稻推廣到江、淮一帶，又於天禧年間將從印度引進的綠豆在民間推廣。朝廷對改進農具也非常重視，還下令雕印《四時纂要》、《齊民要術》等前代農書，指導農業生產。

第三，改進賦稅徵收和徭役負擔的辦法。宋朝沿襲唐朝中期以來的兩稅制，夏季徵收的稱夏稅，一般收取現錢，但在許多地方普遍存在著稅錢折納稅物的情況，品種主要有絲、棉、大麥、小麥等。秋季徵收的稱秋稅，一般以實物為稅，主要徵收稻、粟、豆、草等，也稱秋苗。所以宋代有「夏稅秋苗」的說法。但是宋兩稅已不同於合租、庸、調為一的唐兩稅，而是專指田稅。這些田稅只向主戶徵收而不向客戶徵收，但實際上地主的稅必然由佃農承擔。每年納稅之前兩個月，各地官府都要向納稅戶分別發放稱為「由子」的通知單，上面並列該戶應繳納的兩稅數額。農民繳納兩稅以後，由官府發給蓋有印鑒的「戶鈔」作為繳納的憑據。宋初兩稅額大約占產量的十分之一，對大多數地區來說負擔並不算重。但自唐朝中期實行兩稅法以來，就一直存在著隱田漏稅的現象。北宋開國不久，太祖即下令清查各地隱田。但由於豪強兼併土地，農戶逃亡嚴重，隱田難以查清。有些農戶實際上是為逃避賦稅而冒稱逃亡，暗中則攜帶田產投靠兼併之家，從而導致國家田賦隨之減少。針對這種情況，太宗、真宗兩朝均屢次下詔均田稅，即民戶十家為保，一家逃亡，其稅由其他九家均攤。這種做法加重了未逃亡戶的負擔，而獲得逃田的兼併之家則隱占了田賦。到北宋中期，隱田漏稅的問題不但未能解決，反而愈演愈烈，致使朝廷兩稅收入不斷減少。這一問題始終困擾宋代，全國墾田數目雖有增加，但國家收入卻在減少，其根源主要在於豪強兼併。在農村除兩稅外，還有身丁

錢、雜變、和糴、科配等稅目。宋代二十至六十歲的男子都要繳納身丁錢，不管主戶或客戶。雜變亦稱沿納，是沿襲五代十國時期設置的各種苛捐雜稅，如農具錢、橋道錢、鹽錢、曲錢、紙筆錢、鞋錢等等，名目繁多。和糴是官府強制收購民間糧米，最初限於上等戶，後逐漸變為按戶等攤派。科配是各種臨時性雜稅，繳納的時間、種類、數量都不固定，最初由城市的坊郭戶承擔，後推廣到農村。總體來說，宋初國家財政比較寬鬆時，朝廷注意到盡量不增加農民的負擔，並做到了這一點。大約從真宗起，賦稅名目和數額都有增加，致使農民負擔加重。

另外，傜役本來是古代國家稅收的特殊徵取方式，它表現為民戶無償為國家承擔某些職事。宋代的官戶因已有人在為國家效力，一般都享有不再承擔傜役的特權。按照宋代的役法，傜役有職役和伕役之分。職役主要由上戶承擔，伕役則由下戶承擔。職役也稱吏役，是國家指派主戶擔任的州縣鄉村基層組織的某些職務。宋代職役有差、雇兩種，由國家無償徵調的職役稱差役，由國家出錢僱傭的則稱僱役。北宋前期多用差法，王安石變法時普遍推行雇法。職役衙前的職責是替官府管理府庫或押送財物，法定由一等戶充當，其官銜最高可升至都知兵馬使。里正、戶長、鄉手書的職責是替官府督催賦稅。里正大約相當於鄉長，由一等戶輪流充任；戶長是里正的副手，由二等戶輪差；鄉書手相當於文書、會計，由三等戶充當。此外還有耆長、弓手、壯丁，其職責是維護鄉間治安。耆長由二等戶輪任，弓手、壯丁一般出自三、四等戶，由於弓手、壯丁需要比較熟練的武藝，不易輪換，有些人幾乎是終身應役。另外還有州、縣官府的吏人，如孔目、押司等，供州、縣官員驅使的散從官、承符、手力等，以及各級府庫管理雜務的斗子、庫子、秤子、楝子、掏子、倉子等。這些職役由地方上的上戶承擔，在宋初往往享有一定權勢。由於州縣官員都由異鄉人擔任，而且有固定的任職期限，因而這些職役往往可以把持地方政治，成為實權人物，有些人還可借此改變自己的身分地位。但是又因這些職役沒有任何報酬，還要擔當風險，因而一般上戶視為負擔，不願充役。如衙前對官物如有損耗就要包賠，里正、戶長催稅不齊就要代為賠墊，有些上戶為服差役而傾家蕩產。所以到北宋中期，職役已成為富裕農戶的沉重負擔，朝廷已很難把差役法推行下去。相對於職役而被徵調出來從事各種體力勞役的就是伕役，也稱工役或雜徭。原則上城鄉凡有一丁的民戶都要承擔伕役，但已擔任職役的上戶可以暫免伕役，有些被科派伕役的上戶也往往出錢僱人代為應役或強迫佃戶代役，因此伕役一般是由下戶或佃客承擔的無償勞役。伕役的主要內容有修濬河道、土木營建、運輸官物等。伕役徵發沒有固定時日，每遇大型工程或戰爭，往往要徵調數萬或十數萬丁夫，服役時間長達一兩個月。

作為家庭主要勞力的男丁長期外出服役，常使民戶荒廢農事而導致家業敗落。伕役的生活極其艱苦，勞動又很繁重，這也是導致農人逃亡的重要原因之一。

第四，在土地制度方面實行「不抑兼併」的政策。自從唐朝的均田制被破壞之後，原來的國有土地大都被豪強地主所占有。到了北宋，國家直接控制的土地為數已很有限。因此，官田已被私田所取代，宋初不再實行唐朝的職田制，即按品級領受二百畝到上千畝的職分田，而是讓大小官吏自行購置田產，放手讓官僚地主階級占有土地。從宋太祖趙匡胤時代起，就鼓勵那些放棄軍權的高級將領如石守信等人購置田產。到乾興元年（西元一〇二二年）有人向宋真宗報告，宋朝建立六十年來，豪強大肆兼併土地，如果不加制止，全國土地將要被他們占有一半。宋代官員占田建莊形成莊院，並強迫佃戶也寄住在莊上，一個莊就形成一個作為自然經濟單位的村落。莊主還在莊上私蓄兵器，建立武裝。這些莊院遍布全國各地。宋仁宗時衡州大姓尹家占田達千頃，稱霸一方。《水滸傳》中也描寫了許多這樣的莊園，如祝家莊就是祝姓大地主的田莊。因而，北宋王朝上自宰相，下至縣吏，以及一批經商致富的大財主，無不以大量資金購買土地，建莊立院。宋仁宗時，全國有十分之七的墾田已經落入大地主手中。他們逃避賦稅，造成國家財政困難。在這種情況下，政府才不得不下令：公卿以下官員占田不得超過三十頃。可見占田三十頃的絕不是少數，而這種限制也是不可能生效的。總之，北宋統治者適應中唐以後土地制度的發展變化，聽任土地國有制度繼續衰落，放任土地私有制度自由發展，鼓勵民戶充分占有和利用土地，在農民賦稅負擔不重的情況下，這有利於自耕農經濟的發展，也滿足了官僚、地主、富商自由購買土地的要求，對促進農業生產有積極意義。但這為土地兼併大開了方便之門，因而使得後來土地兼併成為宋代突出的社會問題。在北宋前期這還沒有達到十分嚴重的程度，因為許多達官顯貴只會坐享榮華富貴，入不敷出時便出售土地以維持奢華生活。加之他們往往有眾多子孫們分家業，因而就連一些官至宰相者也免除不了死後家業衰敗。科舉制的實行也使世代做官的人很少，做官也只是在土地限額內免除部分雜稅。但是土地流動制度為一些希望占有土地者提供了機遇，這樣就使普通農戶透過辛勤勞動購置土地變為可能，也促使了一些不法官員倚仗權勢貪贓枉法私慾膨脹。宋代還有屯田、營田之舉，這都促進了北宋前期的經濟發展。但最終土地越來越集中在少數高官豪強手中，導致國家積貧積弱的現象也就不足為奇了。

第五，發展城市功能，建立城鎮體制。唐朝以前的城市主要是政治中心，城市的格局大體固定不變，嚴格遵行坊市制度。北宋定都開封以後，封閉的坊牆取消了，商業區

與居住區的界限打破了，代之以住宅和商店相混合的城市街道形式。汴京城內，店鋪沿街林立，行人熙攘不絕，城市面貌煥然一新，商業功能大大增強。城外的草市設立起固定的店鋪，城郭的限制也越來越少，逐漸發展成繁華的商業和居民區，擴大著城市規模。鎮原是軍事設防之地，駐軍需要各種供應，宋代也變成了市井所在。宋代設鎮不再以軍事為依據，而以人口和稅收為標準，「民聚不成縣而有稅者則為鎮」。不少地方在原來鄉村草市基礎上發展成鎮，有些地方因特殊的物產或手工業發達而形成鎮。宋代的鎮發展迅速，很快遍及全國。這些城鎮不一定都是政治中心，經濟職能顯然增強了。城鎮規模的擴大和商業、手工業的發展，使城市中平民數量大增。城鎮的商業不再主要是為達官顯貴提供奢侈品，而是經營市民日常生活需要的糧食、布帛、煤炭、器具等。商業的繁榮又推動了城鎮手工業的發展，不少城鎮形成各具特色的手工業。所以宋代大中城市的功能已逐漸演變為政治和經濟並重，小城鎮則逐漸形成以經濟為主的特點。城市的興起也使文化繁榮起來。許多城市是各級官府治所，許多官員離任之後也在城市定居。他們雖然居住在城市，生活的主要來源卻多在鄉村。他們在農村有大量田產，在城市又兼營商業。他們普遍教育程度較高，往往選取風景秀麗、物產豐富的江南城市置辦產業，是城市中的富裕階層。除此之外，城鎮居民主要是坊郭戶，他們從事各種各樣的職業。坊郭戶也分主戶和客戶，劃分的標準主要看有無財產。坊郭戶是城市中從事各項經濟活動的主要力量，也是城市中國家稅收的主要承擔者。此外城市中還寄生著相當數量的遊民，他們沒有正式戶籍和正當職業，以偷盜、欺詐、乞討、賭博、賣淫為生，城市人口的增多使文化生活相對集中，宋代文化的城市性、商業性、娛樂性、大眾性由此凸現出來。

改革與發展

北宋中葉真宗趙恆統治時期（西元九九七年至一〇二二年），中央集權的統治得到鞏固，各項制度已基本完備，社會經濟也不斷發展，出現了前所未有的繁榮局面。但也就是從真宗在位時期起，宋朝統治集團原來不多的進取精神逐漸衰退，任何試圖改革創新的倡議都不被採納，朝廷執政者皆趨向因循保守。真宗以後的仁宗（西元一〇二三年至一〇六三年）和英宗（西元一〇六四年至一〇六七年）兩朝，總體來說繼續墨守成規無所作為，與此同時諸多社會弊病卻日益顯露出來，致使國家財政狀況不斷惡化、陷入危機之中。正是在這樣的背景下，神宗統治時期（西元一〇六八年至一〇八五年）任用

王安石變法，試圖透過重振經濟達到富國強兵的目的，但終因積弊已久與守舊勢力強大，變法失敗。此後朝廷上下腐敗風氣日盛，北宋由此走向衰落。

北宋真宗、仁宗、英宗在位期間，各方面財政支出不斷增加，而財政收入沒有相應增長卻有所減少，以致後來出現大量赤字。造成財政狀況惡化的原因是多方面的。從收入方面看，儘管政府不斷增加苛捐雜稅，如從真宗朝起各種雜徵的名目和數額就日益增多，一些北宋初年廢止的前代雜稅又紛紛復徵；以至到仁宗朝時，政府徵收的糧食總額中雜稅已占到三分之一左右，而買賣牛羊、修屋蓋房、析煙分居等等也都要繳納稅收。但如此橫徵暴斂卻並非正常，因為這表明政府的兩稅收入減少和正常的賦稅制度不能運轉，其根源就在於勢族豪強兼併土地造成大量的隱田漏稅。由於農戶不堪重負而逃亡，使豪強之家隱得更多的逃田，而均田稅的做法反而使田稅更加不均，未逃戶的負擔更加沉重，這就使逃亡戶愈多，國家版籍上登錄的田畝愈少，從而導致兩稅難徵並形成惡性循環之勢。因而橫徵暴斂不但沒能增加國庫收入，反而激起農民的強烈反抗。仁宗時期，西夏入侵，宋被迫每年賜銀五萬兩、絹十三萬匹、茶兩萬斤，以換取和平。遼也趁機要挾，宋在「澶淵之盟」的基礎上，再贈銀十萬兩、絹十萬匹，這些開支無疑增加了農民的負擔。各地農民、士兵起義此起彼伏，如慶曆三年（西元一〇四三年）時的王倫起義，慶曆七年（西元一〇四七年）時的王則造反，大小暴動時有發生，「一年多如一年，一火強如一火」，皆由經濟原因引起，引起朝廷上下震動。

國家財政收入減少，但支出卻日多。

▼ **軍費**：太祖時揀選禁軍標準極為嚴格，人數雖只有二十萬但戰鬥力卻極強。太宗時禁軍增加到三十五萬人，真宗時增加到四十三萬人，仁宗時由於同西夏作戰增至八十二萬人。承擔各種雜役的廂軍人數也不斷增加，太祖時廂軍不過幾萬人，仁宗時達到四十多萬。如此多的軍隊其花費是驚人的，據仁宗時擔任過三司使的蔡襄估算，當時軍隊開支已占到歲入總額的六分之五以上，稍晚些時的思想家張載也說「養兵之費，在天下十居七八」。北宋軍隊規模的不斷擴大與朝廷制定的軍事政策有關，其募兵制不僅著眼於守衛邊防，還著眼於社會安定。國家設置廂軍承擔雜役，減輕了民戶厭惡的部分勞役。遇到災荒年份招募飢民從軍，可以預防他們揭竿而起反抗朝廷。為了保持禁軍的穩定一般不裁員，禁兵子弟亦可從軍吃皇糧。宋朝軍事制度的這些特點，在北宋初年兵員較少時還是有其積極意義的，但久而久之，冗兵成為國家財政的沉重負擔，以致朝廷為了維持社會安定不得不付出高昂的財政代價。

▼**龐大的官僚隊伍**：北宋初年內外官員總計不過數千人，到真宗時增加到近萬人，仁宗時更增加到一萬七千餘人。此外，受祿的宗室吏員還有一萬五千餘人，不受祿而以貪汙受賄為生的吏員則不計其數。北宋高、中級官員的待遇也很優厚，不僅有俸祿、職宋真宗像田、祠祿、恩賞等，還有酒茶、廚料、薪炭、飼芻等，一個高級官員的一年開支總有萬貫以上。北宋官員數量不斷增加的原因主要是科舉取士越來越多，真宗咸平三年（西元一〇〇〇年）一次便取進士、諸科一千八百多人，仁宗朝（西元一〇二三年至一〇六三年）十三次科舉共取進士、諸科近萬人，這些中舉者都陸續加入了官員的隊伍。其次按照「恩蔭」法授官的人數太多，這些人包括皇親國戚及官僚子孫乃至他們的門客。仁宗慶曆七年（西元一〇四七年）僅皇族授官的就達千人以上，官員中地位稍高者便可蔭子孫一人為官。另外宋太祖對官員採取「大度寬容」的方針，真宗以後的各位皇帝謹守「祖宗舊法」，對犯罪的官員往往只是貶黜到偏遠地方了事，官職不廢，俸祿照拿，幾乎變成對官員的放縱。所以，北宋中期以後冗官漸多，他們無所事事，事事推諉，既耗費了國家大量財物，又敗壞了朝廷上下風氣。

▼**巨大的皇室耗費**：太祖、太宗在位時比較注意節儉，真宗以後皇室耗費日益浩大。在生活上，皇帝後宮數千人，奢侈享樂風氣日盛，各種宴飲、賞賜不斷。另外祭祀活動的費用也大大增加，特別在時勢艱難之際皇帝更是企圖以此維護統治。大中祥符元年（西元一〇〇八年），真宗與大臣密謀偽造「天書」，由龐大的儀衛扈從親往泰山行封禪禮，整個東封活動耗費國庫八百多萬。三年以後，真宗又假稱奉「天書」西出潼關，祭祀汾陰，費錢一百二十萬貫。為安放「天書」，真宗下令在汴京修建道觀玉清昭應宮，並命三司使丁謂主持修建工程。丁謂制訂的修建計劃龐大，每天服役的民工達三四萬人，所用材料從全國各地徵調。全國各地也都因「天書」降臨修建天慶觀，一紙偽造天書使天下勞民傷財。名目繁多的迷信活動和大興土木，大約一直持續了十五年。到宋真宗死去，整個國庫因這冗費的開支消耗殆盡，由此造成的政治腐敗和財政空竭直接影響到宋朝統治。

北宋中期國家財政的危機引起了朝廷內外諸多有識之士的關注，他們紛紛提出各種主張和具體措施以挽救國家命運。早在真宗（西元九九八年至一〇二二年）初年，知揚州王禹即應詔上書，提出五條建議：一是對遼和西夏「謹邊防，通盟好」；二是「減

冗兵，並冗吏」，減輕稅收；三是嚴格科舉制度，使入官不濫；四是淘汰僧民，減少耗費；五是「親大臣，遠小人（宦官）」，皇帝信用宰相不疑，宰相擇用諸司長官。王禹的建議著眼於減少冗兵、冗官、冗費，主旨是減少國家的財政支出。仁宗在位時財政狀況更差，有關議論也更多。寶元二年（西元一〇三九年），權三司度支判官宋祁上疏，認為國用不足在於「三冗三費」。「三冗」是指：天下有定官而無限員，各級官員比以前增加了五倍；幾十萬廂軍不作戰而耗衣食；僧、道人數日增而無限額，僅尚未受戒的就有五十萬之眾。「三費」是指：道場齋醮，百司供費無數；京師多建寺觀，多設徒卒，增添官府衣糧；大臣罷黜仍帶節度使銜，靡費國用。宋祁主張裁減官兵，節省經費，不要奢靡，基本沿襲了王禹的意見。慶曆三年（西元一〇四三年），宋仁宗在內外交困的情況下起用范仲淹為參知政事，富弼、韓琦為樞密副使，要求他們改革弊政，興致太平。當年九月，范仲淹上疏十事，以陳國政：

▼「**明黜陟**」：即改變以往文官三年一遷的磨勘法，按才行量用並給予獎罰；

▼「**抑僥倖**」：改變對貴族子弟的「恩蔭」舊法，嚴加限制以減少冗官；

▼「**精貢舉**」：改革專以詩賦墨藝取士的舊制，著重策論和經學；

▼「**擇官長**」：嚴格選派轉運使、提點刑獄及各州縣長官；

▼「**均公田**」：即按官員等級給予職田，以責其廉潔，防止貪汙；

▼「**厚農桑**」：每年秋天都要興修水利，以促進農業生產；

▼「**修武備**」：在京畿召募士兵五萬人，既節省軍費又保衛京師；

▼「**減徭役**」：裁併州、縣建置，使徭役相對減輕；

▼「**覃恩信**」：即朝廷發布的赦令，各地都必須執行；

▼「**重命令**」：各地的法令由朝廷統一，頒行之後必須遵守。

這些建議被仁宗採納，並下令頒行全國，號稱「慶曆新政」。

由於新政侵犯了許多貴族和官僚的利益，因而在實施過程中遭到他們的強烈反對。他們攻擊范仲淹的改革派為「朋黨」，甚至誣陷他們有取代皇帝的野心。在保守派的壓力和流言蜚語的影響下，宋仁宗那種迫切要求改革弊政、興致太平的決心動搖。慶曆五年（西元一〇四五年）初，仁宗下詔罷廢關於磨勘和恩蔭的新法。范仲淹被罷免，富弼因贊同修改磨勘法也被罷免，韓琦上書力諫不成也被迫出朝改任他職。「慶曆新政」僅歷時一年多，便在貴族及官僚的激烈抵抗下，宣告失敗。慶曆六年（西元一〇四六

年），范仲淹在鄧州寫下了著名的〈岳陽樓記〉，抒發了自己「先天下之憂而憂，後天下之樂而樂」的司馬光撰《資治通鑒》時殘存的墨跡博大胸懷。

「慶曆新政」夭折後，一切恢復了老樣子。財政情況沒有緩解，社會危機更為嚴重。因此沒過幾年，要求變革的呼聲重新出現。宰相文彥博和樞密使龐籍以國用不足為由，主張裁減兵員使之歸農。曾擔任過權知開封府、權御史中丞、三司使、樞密副使的包拯針對當時「三冗」積弊，主張嚴格選拔官員，淘汰冗官；停止招募士兵，解決冗兵；輕徭節支，減少冗費；並嚴懲殘害百姓的貪官汙吏。三司度支判官王安石也向宋仁宗呈上一份長達萬言的《言事書》，就北宋中期存在的諸多問題提出變法主張。稍後知諫院司馬光三上奏札，呈請仁宗「斟酌事宜，損益變通」，主張裁減禁軍，量才用官，節省財用。此外，這個時期的其他著名士大夫如歐陽修、蘇軾等，也都先後提出過某些變更的主張。這些均反映出，在當時國庫空虛、危機四伏的情況下，有政治遠見的士大夫們普遍有種焦慮感，改弦更張已成大勢所趨。

治平四年（西元一〇六七年）初，面臨困境的英宗皇帝病死。不滿二十歲的趙頊即位，是為神宗。神宗當太子時就很關心國家大事，登基後也正是士大夫變法思潮方興未艾之時。他很想有所作為，但他向元老重臣富弼徵詢富國強兵之道時，沒想到此時的富弼已經喪失了慶曆年間的改革銳氣，因久居高官而變得老於世故、不思更新了。宋神宗只得轉而寄希望於當時在士大夫中享有很高聲望的王安石，熙寧二年（西元一〇六九年）任命王安石為參知政事實施改革。史稱「熙寧變法」。

王安石（西元一〇二一年至一〇八六年），字介甫，江西臨川人。慶曆二年（西元一〇四二年）考中進士後，在擔任地方官吏的過程中，一直表現出勇於進取的實幹精神，與當時的官僚階層中流行的因循苟且、虛妄空談形成鮮明的對照。王安石執政後，迅即在神宗支持下開始變法。他首先建立起一個主持變法的新機構「制置三司條例司」，即皇帝特命設置的制定三司（戶部、度支、鹽鐵）條例的專門機構。在這個機構中他任用了一大批新人，如呂惠卿、曾布、章惇、呂嘉問、沈括、蘇轍等。王安石的變法指導思想與其他主張改革的士大夫最大不同之處在於，他認為解決財政問題的根本方法不是削減支出，而是透過促進生產的發展以求增加財富。

王安石變法的內容主要有，在農業方面實行青苗法、農田水利法。青苗法規定，各路以常平倉、廣惠倉所積存的一千五百萬貫石以上的錢谷為本，遇糧價上漲時以低價出售，遇糧價下跌時以高價收購。其所積現錢每年分兩期，即需要播種時和夏糧未熟時的正月和五月，按照自願原則由農民向官府借貸。收穫後加息十分之二或十分之三，隨兩

稅歸還穀物或現錢，凡災荒較重的地區可延期歸還。實行青苗法益處有三：接濟農民發展生產，抑制豪強兼併之家盤剝，不加賦稅而增加國家收入。農田水利法規定，各地應積極開荒墾田，興建水利，修築堤防，所需費用由受益人戶按戶等高下出資。如工程浩大，民力不足，可依青苗法由官府給予貸款，如果官府財力仍然不足，可以由州縣官勸諭富裕人戶出錢，依例計息，由官府置簿催還。主持變法的官員還要廣泛聽取社會各界發展生產的建議，只要能講求水利者都可到東京獻計獻策。興修水利有成績者，政府將給予授官、嘉獎。在王安石的倡導下，一時形成了「四方爭言農田水利」的高潮。地方官員聽取民間建議制訂農田水利工程計劃，其中許多迅速實施並富有成效。幾年之間，「四方之民，輻輳開墾」，「環數千里，並為良田」。朝廷因此不但推動了農業生產，而且有效地增加了社會財富。

王安石變法在商業方面則體現為市易法和免行法。市易法大致是借鑑西漢中葉桑弘羊推行的平準法而建立的，其目的在於要把都城開封和其他商業城市中市場物資的價格規定及操縱物價漲落的權力，從豪商富賈的手中奪回到中央政府手中，從而一可使物價基本穩定，二可使一般小商販免受富商巨賈的盤剝侵凌，三可使政府獲取那些大商人獨享的財利。市易法規定，在京師設置市易務，以內藏庫等錢一百八十七萬貫作本，控制商業貿易。商販可向市易務貸款，也可向市易務成批地賒購貨物，均以五人為保並以產業為抵押，年息二分。市易務根據市場情況，平抑高昂價格，收購滯銷貨物，以防商品短缺或過剩造成物價波動，同時國家又可在經營中安定社會秩序和獲取財政收入。市易法頒布後，陸續在全國各個重要商業城市設置市易務，又將京城市易務升為都提舉市易司作為全國總機構。這就使大商人在壟斷市場方面受到很大限制，而全國市易務所收息錢極大地充實了國庫。免行法是王安石變法期間在商業方面施行的另一項新法，其目的在於減少皇室和官府對商人的敲詐勒索。京師各行、商舖因承擔供應宮廷百貨的任務，經常被迫用高價收購貨物供應官府需要。而官司上下勒索，採購數額常在例額數倍以上，稍不如意便恃權懲治。所以，「每糾一人入行，輒訴訟不已」。免行法規定，各行商舖依據獲利多少，每月向市易務交納免行錢，同時不再以實物或人力供應官府。此後宮廷買賣物品都要透過雜買場、雜買務，並由市易司負責估定物價。免行法的施行給朝廷增加了一筆收入，同時也為商人免去了無休止的勒索，而使那些貪官汙吏及皇親國戚蒙受了不少損失。

王安石變法的核心在於斂財，因而在賦役方面多有改革，如方田均稅法、募役法、均輸法。方田均稅法亦稱《方田均稅條約》，是針對大地主兼併土地、隱瞞田產、偷漏

賦稅等問題制定的。北宋政府向來縱容豪強之家，而且給予一些免稅免役的特權。一般農戶為逃避日益繁重的賦稅和徭役，寧願托庇於官紳之家，假稱已把土地賣給他們而自己冒充佃戶，實則仍在原有土地上耕種但交給他們一部分收穫。其惡果，是北宋朝廷的賦稅收入大幅下降。王安石面對這一宋初以來普遍存在而又很難解決的問題，於熙寧五年（西元一〇七二年）發布由司農寺制定的《方田均稅條約》。此法規定，每年九月由縣官主持丈量土地，以東南西北各千步為一「方」，依據方、莊帳籍檢驗土地肥瘠分為五等稅額，丈量後於次年三月向民間公布，分發方帳、莊帳、甲帖、戶帖四種土地帳帖作為「地符」，分家析產、典賣割移都以丈量後的田畝為準，由官府登記並發給證書，詭名挾佃者都要合併改正，各縣稅收不得用合零就整手段超過原有定額，荒地歸耕佃之家不再追查，瘠鹵不毛之地允許占有佃種。方田均稅法頒布後，由濟州鉅野縣尉王曼為指教官，先在京東路實行，以後推行到各路。至元豐八年（西元一〇八五年）神宗皇帝病死後司馬光罷廢此法時為止，僅在京東、陝西、河北、秦鳳、延五路就丈量出被隱漏的田產兩百四十八萬餘頃。此法使農產的賦稅負擔與土地占有的情況比較相符，抑制了豪強之家的兼併之勢，國家的田賦收入也得到了保證。募役法也稱免役法，是對原來實行的差役法的改革。北宋差役原由鄉村上戶承擔，但實際上許多上戶享有特權，因此各種差役被轉嫁造成農戶負擔。免役法規定，廢除原來按戶等輪流充當衙前等州、縣官府差役的方法，改由州、縣官府出錢僱人應役。各州、縣預計每年僱役所需經費，由民戶按戶等高下分攤。上三等戶分八等繳納役錢，隨夏、秋兩稅繳納，稱「免役錢」。原來不承擔差役的官戶、女戶、僧道、未成丁戶、坊郭戶等，按定額的半數繳納役錢，稱「助役錢」。州、縣官府依當地吏役事各繁簡，自定數額，供當地費用。定額之外另加十分之二繳納，稱「免役寬剩錢」，由各地存留備用，以備災荒年份免徵役錢時使用。實行免役法後，使得原來輪流充役的農民可以一心耕口務農，過去被認為是兼併之家的上戶也要交一份免役錢，地方財政收入增加並有了專門的吏役。

在財政方面，王安石還考慮節約用度，制定了均輸法、保甲法等。均輸法主要是針對「國用不足」而制定的。北宋都城聚居著為數眾多的皇族、官員和軍隊，為保證他們的供應，便在江南、兩浙、荊湖、淮南等六路設置發運使負責督運各地上供物品。發運使只知照章辦事，一切按照每年定額，豐年不敢多運，凶年不敢少運。由於上供數量較多，各地往往隱瞞財富，不肯如實申報朝廷，卻又以支移、折變等名目加倍收稅。朝廷調用物資時，不管某地是否生產某種東西，也不管其時是否生產某物的季節，一旦需要，急令強徵。這種種弊端都給富商大賈囤積居奇提供了條件，使朝廷造成無謂的浪費

而又財用窘迫。按照均輸法的規定，朝廷任命薛向為六路發運使，從內藏庫撥予錢五百萬貫、米三百萬石作為周轉費用。發運使了解六路的財賦情況，掌握京都庫藏支存定數和每年地方供辦的物品數額，然後按照「徙貴就賤，用近易遠」的原則，「得以從便變易蓄買」以備存用，藉以節省價款和轉運勞費。王安石試圖由朝廷「稍收輕重斂散之權」，做到「國用可足，民財不匱」。可以說，均輸法從節省的角度出發改變了舊有的浪費現象，增加了朝廷財政的宏觀調控能力而剝奪了富商大賈的部分利益，使民戶的額外負擔有所減輕，國家財用窘急的狀況有所改善。

在軍費方面王安石也節約開支，主要措施是裁減兵員。北宋中期以來，軍隊規模不斷擴大，而官兵驕惰腐朽。王安石變法期間，實行將兵法以提高軍隊效能，實行保甲法以訓練地方壯丁，使軍隊增強戰鬥力而國家減少財政支出。將兵法規定，裁減五十歲以上的老弱兵士，減少禁軍軍營兵額，合併各地馬步軍營，聚集在京師的禁軍大部分撥到各路。減兵並營的工作從熙寧二年（西元一〇六九年）開始到熙寧八年（西元一〇七五年）結束，從仁宗慶曆年間的八十二萬餘人減少到五十六萬餘人。各地廂兵也按禁軍方法裁減，由原來的四十三萬餘人減少到二十二萬餘人。禁軍、廂軍裁減後，軍隊總額不過八十萬人，合計減少約三分之一。為改變過去「兵不知將，將不知兵」的狀況，又在全國各軍事要地設置帶兵將領，將領均選武藝高強、作戰經驗豐富的人擔任，專門負責訓練軍隊，以提高軍事素質，達到「強兵」的目的。這不僅節省了大量軍費支出，還使軍隊更加精幹、齊整。神宗皇帝稱讚此舉「不唯勝敵，兼可省敗」。保甲法規定，每十家組成一保，五保為一大保，十大保為一都保。凡家有兩丁以上者，出一人為保丁。選取主戶「有財干心力者」和「物力最高者」充任保長、大保長和都保正。農閒時集合保丁進行軍訓，夜間輪差巡差維持治安。其目的是逐步實現民兵制與募兵制相結合，在各地鄉村中建立起嚴密的治安網以維持封建統治秩序，還節省了國家的大量軍費開支。總之，王安石力行新法，總目的是實現「民不加賦而國用足」。在新法實行的十六年間，的確取得了「富國強兵」的一定效果，「中外府庫，無不充衍，小邑所積錢米，亦不減二十萬」。軍事實力也有所增強，曾在對西夏的戰爭中取得熙河之役勝利等。

由於新法在一定程度上損害了皇室、官僚、地主的既得利益，因此遭到他們的強烈反對。統治集團內部以司馬光為首的保守派極力攻擊新法，他們認為祖宗之法不可變，增加國庫收入實際是聚斂民間財富，統治國家要重義輕利，兼併之勢是天使之然。實際上這些說法無不說明反對變法者從本身利益出發，而不是考慮國家的財政狀況和長遠命運。王安石在〈答司馬諫議書〉中對司馬光所提侵官、生事、徵利、拒諫以及天下怨謗

給予嚴正駁斥，並立場鮮明地表示了態度。由於宋神宗支持新法，司馬光等一大批人相繼被罷官，新法得以推行。但是變法派與保守派之間的激烈爭鬥始終沒有停止，宋神宗後來在強大的保守派壓力下也曾有過動搖，致使王安石兩度被迫辭去相位。元豐八年（西元一〇八五年）神宗去世，即位的哲宗皇帝年僅十歲，改元元佑，由其祖母高太后臨朝聽政。一貫反對變法的高太后重用保守派代表人物司馬光等人，這象徵著反對變法的勢力再度掌握政權，司馬光把變法的責任全部推給王安石，並為死去的神宗皇帝開脫以便廢棄新法。司馬光在執政後一年左右的時間裡，將各項新法全部罷廢，就連保守派內部的一些人士也覺得過分。閒居江寧的王安石聞聽後極為驚愕，不足一個月便憂憤而死。變法派人物更是遭受打擊迫害，一大批主張變法的官員被排擠出朝廷，史稱「元更化」。

宋典更張

電子書購買

國家圖書館出版品預行編目資料

朕就是任性，愛卿不要忤逆！科舉防壟斷、加耗致盤剝、概量多舞弊，從中央到地方，看古人「擅」用皇權典制 / 孟飛，聞明，張林 主編 . -- 第一版 . -- 臺北市：崧燁文化事業有限公司，2023.05

面；　公分

POD 版

ISBN 978-626-357-331-4(平裝)

1.CST: 中國政治制度

573.1　　112005625

朕就是任性，愛卿不要忤逆！科舉防壟斷、加耗致盤剝、概量多舞弊，從中央到地方，看古人「擅」用皇權典制

臉書

主　　編：孟飛，聞明，張林

發 行 人：黃振庭

出 版 者：崧燁文化事業有限公司

發 行 者：崧燁文化事業有限公司

E-mail：sonbookservice@gmail.com

粉 絲 頁：https://www.facebook.com/sonbookss/

網　　址：https://sonbook.net/

地　　址：台北市中正區重慶南路一段六十一號八樓 815 室

Rm. 815, 8F., No.61, Sec. 1, Chongqing S. Rd., Zhongzheng Dist., Taipei City 100, Taiwan

電　　話：(02) 2370-3310　　　　**傳　　真**：(02) 2388-1990

印　　刷：京峯彩色印刷有限公司（京峰數位）

律師顧問：廣華律師事務所 張珮琦律師

定　　價：320 元

發行日期：2023 年 05 月第一版

◎本書以 POD 印製